よい教師をすべての教室へ

専門職としての教師に必須の知識とその習得

L・ダーリング-ハモンド & J・バラッツ-スノーデン 編
秋田喜代美・藤田慶子 訳

A Good Teacher in Every Classroom

新曜社

A GOOD TEACHER IN EVERY CLASSROOM
Preparing the Highly Qualified Teachers Our Children Deserve
by Linda Darling-Hammond and Joan Baratz-Snowden

Copyright © 2005 by John Wiley & Sons, Inc. All Rights Reserved.
First published by Jossey-Bass, a Wiley Imprint,
989 Market Street, San Francisco, CA 94103-1741
This translation published under license from John Wiley & Sons
International Rights, Inc. through The English Agency (Japan) Ltd.

まえがきと謝辞

あらゆる専門的職業は，その発展のある時点で，専門職養成カリキュラムの鍵となる要素についての合意を作り上げてきた。つまり，ある職業に就くすべての人が準備すべき基礎は何かということである。医学においては，20世紀初頭，医学教育の質がまちまちであることを批判したフレクスナー・レポートが契機となった（Flexner & Pritchett, 1910）。法律教育の共通カリキュラムを作る努力も，医学教育の直後になされた。工学や建築の分野も，20世紀半ばにはこの仕事に取り組んだ。

ここ20年，教職の専門性についての知識ベースを同様に体系化し，教師の仕事の基準を確立することが図られてきた。これは，生徒の学びとそれを支える教育実践についての私たちの理解が大きく前進したことによって可能となった。本書は全米教育アカデミー（National Academy of Education）の後援によっており，これら先達の努力の上に築かれている。本書は，教師の仕事についてのこの理解が，いかに**教師**は学ぶかに関して蓄積されてきた知識ベースと合わせて，教師教育にどのような情報を提供できるか，という問題を扱っている。

全米教育アカデミーの教師教育委員会のメンバーは，学者や研究者，現職教師，教師教育に携わる人など，多様な領域にわたる専門家から構成されている。本書の提言は，学習や効果的

な授業，教師の学習，教師教育についての研究を基礎にしてなされている。子どもの学習や発達，評価，授業，他領域に関する研究をレビューするとともに，委員会のメンバーと連携している一群の大学（ニューヨーク市立大学，ディラード大学，インディアナ州立大学，ニューヨーク大学，スタンフォード大学，ジョージア大学，テキサス大学エルパソ校，ザビエル大学）の代表たちの知識と経験が結集されたものである。またこれらの連携大学から，委員会提言の研究に対する地に足の着いたフィードバック情報を与えていただいた。

　本書は，本委員会の成果の一つである。学部や大学院における教員養成という伝統的な方法か，あるいは代替研修のような方法によるかにかかわらず，教員養成においてまず伝えられるべき核となる概念と方略，そしてすべての教師がこの知識へアクセスできるよう保証する政策について，その概略を述べたものである。本書の提言は，現在の教員養成プログラムが教師志望者に対して通常行っていることに焦点を当てるのではなく，すべての生徒の学びを保障するために教師は何を知る必要があるのか，何をすべきかに焦点を当てている。この提言の基礎となった研究を含むより包括的な内容については，委員会の主要報告書である『変動する世界に対応する教員養成：教師が学ぶべきこととできるべきこと（*Preparing Teachers for a Changing World: What teachers should learn and be able to do*）』に書かれている。またその姉妹編『読みの指導を支援する知識：変動する世界に対応する教員養成（*Knowledge to Support the Teaching of Reading: Preparing teachers for a changing world*）』は，読みの指導のための

知識が教師教育に持つ示唆について検討している。

　本委員会は，米国教育省の教育研究と改善局からの助成（助成番号R215U00018）および，フォード財団の助成によって研究を実施した。これらの基金の支援に感謝する。けれども本報告は，これらの機関の意見を代表するものではない。

　また委員会は，本書のもととなった研究報告のレビューをしてくれた，Robert Floden, Michael Fullan, Sonia Nieto, Seymour Sarason の諸氏にも謝意を表したい。それは大変ありがたいものだった。そしてアカデミーのために研究報告のまとめ役として見事に働いてくれた，Maureen Hallinan 氏にも感謝したい。最後に，この仕事に協力してくれ，教え，学ぶことに日々打ち込んでいる数多くの教師や教師教育者のご努力に対しても，心より感謝したい。私たちは何よりも，教師たちの大切な仕事に本書が貢献することを心より望んでいる。

目　次

まえがきと謝辞　i

序章　本書の目的 ——— 1
 本書の焦点と構成　5

第1章　教師は何を知らねばならないか ——— 7
 学習者と学習者の発達についての知識　10
  学習　10
  人間の発達　14
  言語　17
 教科とカリキュラムの目標についての知識　21
 教えることについての知識　25
  教科を教える　25
  多様な学習者に教える　31
  生徒の学習を評価する　34
  学級を経営する　37
 まとめ　40
 教師は何を知らねばならないか——要点　42

第2章　教師は必要な知識をどのようにして学べるのか ——————43

 教師はどのように発達し、学ぶか　47

 教えることを学ぶことについての問題　48

  教えることについての誤概念　49

  実践化の問題　50

  複雑性の問題　52

 教師は必要な知識をどのようにして学べるのか
 ——要点　53

第3章　教員養成への示唆 ——————55

 実りある教育方法　61

  教育実習とインターンシップ　62

  ティーチング・ポートフォリオと
   パフォーマンス課題　66

  教えることと学ぶことの分析　68

  事例研究　70

  探究とアクションリサーチ　72

 まとめ　74

 教員養成への示唆——要点　75

第4章　政策への提言 ——————77

 教員養成プログラムの開発と認定基準　82

 教員免許改革　87

 新任教師の採用と維持　92

政策への提言——要点　　　　　　　　100

訳者解説　教育の平等と質向上を目ざす 21世紀教育学へのリーダーシップ ——— 103

　　はじめに——訳書出版の契機　　　103

　　リンダ・ダーリング-ハモンド教授の仕事　　106

　　付録資料　　　111

注　113

文献　115

索引　123

編者について　128

装幀＝難波園子

カバー写真＝タムウッド・インターナショナル・サマーキャンプ提供

序章
本書の目的

　毎年秋になると，全米で10万人を超える新任教師が教壇に立つ。そのなかには，生徒の学習を援助するのに十分な準備と力量，自信を持っている教師もいるが，大半の教師は，これから直面する困難への準備が十分にはできていない。米国で学校に就職する教師の数は年々増加しているが，新任教師たちが教職に就くにあたって準備している技能や経験は実に多様であり，また青少年を教育するという困難な責任を担うために提供される正規の養成教育もまちまちである。新任教師の大半は正規の教員養成プログラムを経た大卒者である。だが転職して教職に就く者も増加しており，わずか数週間の養成研修しか受けていない者から１年間以上教育を受けた者まで，実に多様である。臨時採用教員のなかには，養成教育をまったく受けていない者すらいる。特に低所得の都市や田舎に勤める，数万人にもおよぶ新任教師は，子どもやカリキュラム，学校についての基礎的情報さえほとんど，あるいはまったく持っていない。そして正規の教員養成プログラムを受講した者も，教室でうまく指導するために必須の基礎知識や教育実習の経験という点では，まともな教育を受けていないことがあまりにも多いのが実状である。

なぜこのような事態が起きているのだろうか。きちんとした養成教育を受けてきていない多くの人間に、教育という社会にとってきわめて重要な役割を引き受けるのを許しているというのは、いったいどういうことだろうか。そして、ほとんど準備のできていない人に、もっとも困難な環境に置かれてもっとも援助を必要としている子どもたちを教えさせるという事態を、なぜ放置しているのだろうか。これらの問いに対しては、少なくとも以下のような多くの答えがある。

- 社会として、私たちは子どもの生活、特に貧困層と有色人種の子どもたちに対して、本気で教育投資を行っていない。恵まれない子どもたちが、教える準備が満足にできていない教師たちをあてがわれているのである。
- 伝統的に、教えるのは誰にでもできる簡単な仕事だと見られてきた。一連の決められたカリキュラムに従って、教師から子どもに情報を伝達する行為としてしか見られてこなかった。
- きちんと教えるために必要なことは何か、また教えることはしっかりとした養成教育を必要とする困難な仕事であることを、多くの人は理解していない。
- 教師は子どもたちが学ぶべき教科内容について知っていさえすればよく、教えるにはそれ以上のことは必要ないと信じている人もいる。
- 多くの州の教職免許制度が上記の態度を反映したものとなっており、とりわけ貧困層やマイノリティの生徒を教え

る教師に対しては，教職専門職基準をないがしろにするような教員資格で良いとしている。
・教師に何が求められているか，教壇に立つための基礎知識やこの基礎知識と技能がどのようにして習得できるかについて，研究者と教師教育に携わる者の間で一致した考えが持たれるようになったのは，つい最近のことである。

　現在，教師が必ずしも十分な養成教育を受けていない理由は数多くある。けれども，われわれは優れた授業の重要性と効果的な教育を行う教師はどのようなことをしているのかについて，かなり多くのことを学んできた。教壇に立って教科書を講義し，週末にはテストをする教師という世間一般の教師像とはまったく異なり，生徒が優秀な成績を収めている学校の教師は，それよりもはるかに多くのことをしていることが，今ではわかっている。効果的な指導のできる教師（以下，効果的な教師）は，生徒たちが**何を**知っているかだけではなく，**いかに学んでいるか**を評価するために，数多くのツールを用いている。こういう教師は，すべての生徒が今いる地点から育っていかねばならない地点へと進むのを助けるために，これらの評価情報を活用している。効果的な教師たちは，生徒がすでに持っている知識や発達水準に基づいて学習活動や教材，指導法を入念に組織しているので，すべての生徒が学業で成功できるのである。彼らは教材について生徒がすでに持っている概念がどのようなものであり，どのような誤った概念が授業において生徒の混乱を招くかを知っている。そしてこれらの誤った解釈を克服できるよう

に，授業をデザインするのである。効果的な指導のできる教師は，さまざまな生徒のニーズに合うよう，カリキュラムを仕立て，作り変えていく。たとえば，国語である英語を，英語が母語でない学習途上の生徒や特別の教育ニーズを必要とする生徒がより取り組みやすい授業内容にする。

効果的な教師は，授業中に情報を聞いたり読んだり，実例を見たり技能の練習をするだけではなく，ディベートや話し合い，調査，書くこと，相互評価，実験，モデル構成，論文や作品作りなどの能動的な活動に生徒が携わるようにしている。こういう教師は質の高い学習への期待を明確にし，その習得基準に合う学習課題のモデルを生徒に示している。また生徒がそれらの基準に向けて学習を修正できるように，絶えずフィードバックを与えて生徒の進歩を援助している。また生徒が生産的に学習できるよう，相互に認めあいうまく機能する教室を組織し，経営している。そしてさらに，保護者を学習過程に巻き込み，家庭と学校とのより強い結びつきを作るのを援助している。そうすることによって，生徒は学習への障壁を減らすことができ，より多くの支援が得られるようになる。そして効果的な教師はこれらすべてのことを同僚教師や管理職と協働して行い，学校全体として連続性のある，一貫したカリキュラムと支持的学習環境を作り上げている。

効果的な授業には，教壇に立って生徒に情報を与えるよりはるかに多くのことがあるのは明らかである。そしてこの複雑な仕事を成し遂げるために，教師には学ぶべきたくさんのことがある。本書では，教師が教壇に立つ前に何を知っている必要が

あるのか，そして学校に勤め始めたときに，新任教師が上記に述べた効果的な教師へと成長していくのを保証するためにはどのような支援が必要なのかについて，その概要を述べていく。

本書の焦点と構成

人がいかに学ぶか，そしていかにして効果的に教えるかについて，私たちは以前よりもはるかに多くのことを知っている。けれども，これらの知識の多くが，仕事をするのにそれらをもっとも必要としている教師に提供されていない。教師は今日，わが国のすべての学校のすべての生徒たちが，かつてない高い学業基準を達成できるようにする役割を担っているというのに。

本書は，新任教師の養成教育に焦点を絞っている。これは，全米教育アカデミーが後援したより大部の報告，『変動する世界に対応する教員養成：教師が学ぶべきこととできるべきこと』[1]に基づいている。この報告書には，学習，授業，教師教育についての研究が要約されている。この報告書の提言を引用しつつ，本書では新任教師が習得すべき必須の，鍵となる考え方と技能，資質について述べる。すなわち，本書には以下のことが述べられている。

・教室に入るにあたって，新任教師は何を知っていなければならないか。
・その知識を習得するのにもっともよい実践とは何か。

・新任教師が初めて教える生徒たちに対して適切に教えることができるよう保証するために必要な，教師教育のための政策とは何か。

　本書では，教師が学ぶべき鍵となる概念と技能を述べるだけでなく，それらの鍵となる知識をどのようにして習得するかに関しても，教師志望者が多様な経験を持っており，教員養成への経路も多様であることを考慮して議論を進める。教師が技を磨き熟達化していくためには，長年の教職経験が必要であることはその通りである。だが本書では，新任教師が最初に教えるあらゆる生徒に責任を持って教育を行うことができ，実地に指導しながら，また同僚から学び続けていくことができる，教員養成プログラムのあり方に焦点を絞る。ただし，ここでは，伝統的な学部教育と大学院における教員養成プログラムだけではなく，さまざまな大学や学区を基盤とした大卒者（学士号取得後）プログラムの受講者向けにデザインされた代替研修プログラムも含む，あらゆる種類の新任教員養成プログラムを取り上げている。私たちの焦点は，教師教育の形式や期間，場所ではなく，実質的な教育内容，すなわち，新任教師は何を学ぶことが必要か，そしてその知識はどのようにするともっともうまく学べるのか，ということにある。

第1章
教師は何を知らねばならないか

　教師が知っている必要があることと，できるべきことが何かを述べるのは，決してたやすくはない。医者や弁護士，聖職者など，どの職業にも当てはまることだが，教師としてふるまう正しい唯一の方法というものはない。カリスマ教師もいれば，地味な教師もいる。熱血教師もいれば，控えめな教師もいる。厳格な教師もいれば，愛情こまやかな教師もいる。非常に効果的でありながら，指導法は実に多様でありうる。しかし，こういうバリエーションのなかにも共通する実践があり，そこから生徒の学習をどのように育てていくのかについての理解を共有することができる。

　私たちが行った先行研究のレビューから，効果的に指導できる教師が行う実践は共通して，次の3つの分野の知識に支えられていることが示唆されている。それらは，新任教師が生徒とうまくやっていくために習得しなければならない知識である（図1.1参照）。

・**学習者**としての生徒についての知識と，社会的文脈のなかで生徒がいかに学び発達するのかについての知識
・教育の社会的な目的に照らしての，教えるべき**教科**と技能

についての理解
・教える内容と教わる側の視点に照らしての，**教えることについての理解**。これは評価を通して情報が得られ，創造的な教室環境によって支えられる。

教えることは複雑であり，教えること，学ぶこと，そして教科についての多種多様な知識が相互に関連しあっている。専門

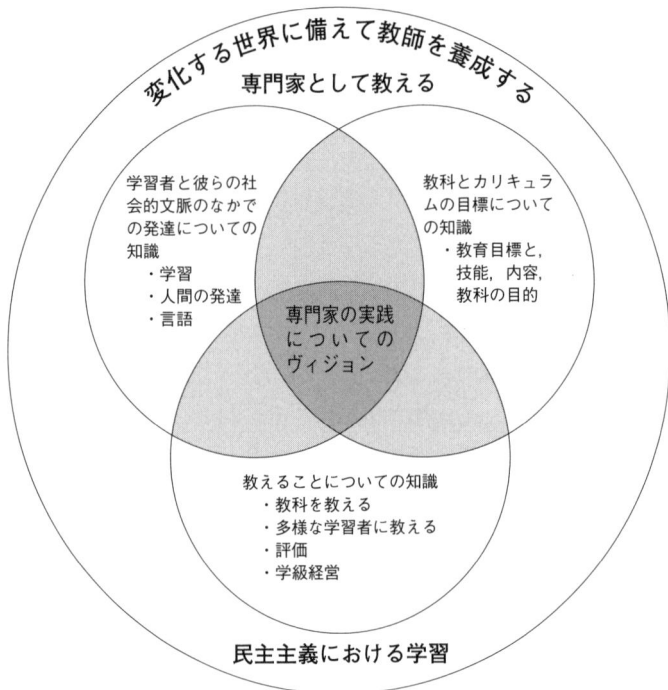

図1.1　教えることと学ぶことの理解のための枠組み

家として教師は，すべての生徒たちが成功するのを助けるために，教師として知らねばならないことを学ぶ責任を負っている。専門家である教師は「私はすごい授業をしたのに，生徒は誰もわかってくれなかった」などと，もはや素朴に言ってはいられないのである。かつてジョン・デューイが述べたように，教えることは商品を売ることに似ている。もし誰も買わなかったら，売れないのである。誰も学ばないならば，教えたことにはならない。図1.1に示した専門家として教えることについてのヴィジョンは，生徒の学習と教えることとをつなぎ，教師は生徒が学習した証拠を示すことができるよう求めている。また教師は，生徒が市民として，政治生活，市民生活，経済生活に十分に参加できるようになるという，民主主義社会において生徒を教育することが何を意味するのかについての自覚を求めている。

　生徒との関係において成功するために新任教師が習得しておく必要のある知識を述べるために，本書では図1.1の枠組みを使用する。この枠組みは，人々がいかに学ぶかについての研究と，効果的な教師は何を理解し，生徒の学習を援助するために何を行っているのかについての研究に基づいて提案されたものである。学習や，人間の発達，言語，カリキュラム，教科を教えること，多様な学習者に教えること，評価，学級経営について，新任教師が知っておく必要があることを，順次述べていく。

学習者と学習者の発達についての知識

　図1.1の左上の丸は，教師が生徒と生徒の学習，発達，言語獲得について持つべき知識と技能を取り上げている。

学習

　何よりも大事なことは，新任教師は子どもたちがどのように学ぶかを理解していなければならないということである。これに関連する膨大な研究を理解するための重要な研究書が，全米科学アカデミーの報告『人はいかに学ぶか：脳，心，経験，学校（*How People Learn : Brain, mind, experiences, and school*）』[1]（邦訳『授業を変える：認知心理学のさらなる挑戦』森・秋田監訳，2002）である。それは，次のような視点から子どもたちがいかに学ぶかをとらえている。

- **学習者**とその長所，興味関心，前概念（すでに生徒が習得している概念）
- 生徒が習得し，学習したことを使用したり転移したりできるようになってもらいたいと私たちが望んでいる**知識**や技能，態度と，その知識や技能，態度を構造化する方法
- 学習の過程を明らかにし，生徒の思考を可視化し，フィードバックを通してさらなる学習へと導く学習の**評価**

- 教室の内と外の両方において，学習が起こる**コミュニティ**

　このことは，新任教師が知らなければならないことに対して何を意味するだろうか。明らかなのは，教師はこの学習の枠組みを構成する4つのすべての要素に関して計画し，統合できるように学ばなければならないということである。**学習者**と**学習過程**について理解するとは，子どもたちがいかに発達し，学ぶかを理解することであり，同時に，生徒の経験と文化的背景に基づいて，それらと教材との間にいかにつながりを持たせるかを理解することでもある。新任教師は，次のことを理解しておく必要がある。

- **知るということ**の構成的性質——私たちはみな，既有の技能や知識，発達水準に基づいて，自分たちの世界を能動的に解釈しようとしている。このことは，生徒がすでに何を知っていて何を信じているかを理解し，生徒の先行経験と新たな知識の間に橋を架けられるようにする必要があることを意味している。これには，教師が特定の内容分野で生徒がおかす誤解を予測して，授業で取り組むことができるようにすることも含まれている。
- **認知処理過程**——人はいかに注意を払い，知覚し，情報処理し，短期および長期記憶に保持し，またそれを想起するのか。これは，別の考えと関連づけたり，新たな情報を学習するためにスキーマ（知識枠組み）に組み込んだり，必要な時に想起できるように，情報を体系化することの重要

性を理解することを含んでいる。
- **メタ認知**——人は，自分の学習や思考をモニターし制御することをいかに学ぶのか。これは，生徒が何を理解しているのか，学ぶために何を必要としているのか，そして生徒が必要とする情報を習得するためにどのような方略を用いることができるのかについて，いかに教えたらよいかを知っていることも含まれる。
- **動機づけ**——生徒が学習に能動的に関わるようになり，そして関わり続けるために，何が励ましとなるのか。これはどのような課題や支援，フィードバックが生徒の努力を促し，向上しようと努力するようにできるかを知っていることも含まれる。

さらに，複雑な実世界の生活に備えた学習を支援しようとするならば，教師は伝えようとしている**知識**について熟慮しなければならない。国や州，各地域の学習達成基準によって教えるべき知識は決められている。だが，教師は何を教えるのかという意思決定に加えて，ある特定のトピックや考えをどのように教えるのがもっともよいのかも考えなければならない。これは，異なる学年や発達段階の生徒がその概念を理解できるためには，どのようにその概念を授業で取り上げていくとよいかということと同時に，その学問の構造についての知識，すなわち，それらがいかに構造化され，何が中心となる概念であるのかを理解している必要がある。

　第一次世界大戦についてであれ，比の概念についてであれ，

あるいはいかにエッセーを書くかについてであれ，その学習領域の概念が相互にどのように関連しあっているのかがわかるよう，生徒がメンタルマップを発達させるのをどのように援助できるかを知っておく必要がある。教師は生徒がすでに知っていることと教えている概念がつながるように，授業で用いる実例や考えについての適切な表現を選ぶことができなければならない。このような実例は，生徒が先行経験をもとにして持っている誤った概念に直接向き合う必要のあることも多い。そして生徒の理解と学習が進むように，各段階で必要とされる適切な援助を与えて，学習にどう「足場かけ（scaffold）」をすればよいのかを，教師は知っている必要がある。

　新任教師は，生徒を**評価**して，教師の教える**知識**についての理解と，**学習者**についての理解とを結びつけることができなければならない。教師は，評価することによってカリキュラムの目標が生徒にぴったりとしたものになるようにするにはどうしたらよいかを理解することができる。評価とそれにもとづき教師が与えるフィードバックは，単なる評価ではなく，学習へのもう一つの情報源である。生徒たちがどのように学んでいるのか，そして何をわかっているのかを示すことができるよう，フォーマルな評価やインフォーマルな評価のためのツールをどのように構成し，選択し，使用すればよいかを，教師は知っている必要がある。そうすれば新任教師は建設的なフィードバックを与えることができ，それが生徒の学習をさらに導き，また授業に有益な情報ともなるのである。

　最後に，学習は，教室の中だけでなく，家庭やより広いコ

ミュニティにおいて人々が関わりあう方法によって影響を受ける。教師は，生徒たちが互いに学びあい，環境の中の学習材から学ぶことができるような，情報豊かな学級や社会的ネットワークをどのようにして作ったらよいかを知っていなければならない。新任教師は生徒たちのコミュニティの中にすでにある「知識の宝庫」を活用し，学校外での生徒の先行経験と教室の中での生徒の経験を関連づけなければならない。

人間の発達

　子どもを理解すること，すなわちいかに子どもが発達し，いかに学ぶかを理解することは，効果的な指導にとって決定的に重要である。教師が発達についての知識を持っていれば，学級を経営し，適切な課題を選択し，学習過程を導き，子どもたちの学習への動機を維持するのに活かせる。この知識がなければ，教師はしばしば，不適切な課題を選択して生徒を退屈させ，欲求不満にしてしまったり，学習をうまく支援することができなかったりするだろう。発達に応じていない課題は，生徒の学業失敗のもととなるだけでなく，生徒の動機を低下させ，授業妨害行動を生むことにもなる。

　生徒の学習を理解し支援するために，教師は「発達的視点」に立つことができなければならない。この視点には，発達が，身体的，社会的，情動的，認知的，言語的など，多くの異なる道筋に沿って展開することの理解も含まれている。教師はこれらすべての発達の道筋に沿って子どもが学習を進めていけるよ

うにいかに支援するのか，これらの道筋がいかに相互に関わりあっているかについて知っている必要がある。特に，発達のさまざまな段階が，必ずしも同じ年齢で起こるわけではないことや，また異なる次元の発達が，子どものなかで均一に起こるわけではないことも知っていなければならない。教師がこのような発達的視点を持っているならば，生徒が個々に異なる発達上のニーズを持っていること，そして彼らの進歩を最大限にするためには，どのようにして子どもたちの学習を適時に，適切な方法で援助したらよいかがわかるだろう。

　指導計画を立てるためには，発達における個人差と同様に，一般的な発達の筋道を理解しておく必要がある。発達の筋道を理解することによって，子どもがいつ，特定の内容を特定の方法で学ぶ準備ができているのか，そして彼らが新たな課題に取り組むときにどのように支援したらよいかを決定することができる。たとえば，具体的思考の段階から抽象的思考の段階へという発達過程を理解していることに加えて，教師が与える課題の要素，つまり，その課題がどのような能力を必要とするのかを理解していることが必要である。そうすれば教師は，生徒が取り組む準備がすでにできている課題を選択し，学習に成功するために生徒が知っておかねばならないことを取り上げて指導することができる。

　またこのためには，教師は，生徒が何を知っているかだけではなく，彼らがいかに学び行動しているかを評価できるように，生徒を注意深く観察できなければならない。生徒の発達水準を評価できる教師は，その子どもが次に学ぶ準備ができている課

題を適切に創ることができる。そして子どもが自信をもって新たな挑戦に立ち向かい，能力を伸ばすよう，学習に必要な支援を与えることができる。教師がこの発達の知識を持っているならば，幼い子どもでも成功を感じ，もっと学びたいと思い続けるような援助ができる。こういう知識なしでは，子どもたちの現在の学習もおぼつかないし，将来の成功も危うい。

　また教師は，指導によっていかに発達を支援できるかも理解しておく必要がある。発達が子どもの学習への「レディネス」（学びへの準備性）を決定し，発達は決まったペースで年齢と共に進むという信念は，昔の考え方である。現在では，学習は発達に影響を及ぼし，教師は指導によって発達を進める経験を創り出すことができるという考え方に変わっている。たとえば，教室で話すこと，聴くこと，印刷物を見たり使ったりする機会を豊富に提供することで，他言語の経験の少ない生徒に言語能力を発達させることができ，特定の読解技能を学習する準備をいっそう高めることができる。適切な援助を得て，生徒はすでに知っていることよりも1レベル上のことをうまく学べるのである。

　学習は発達に影響し（またその逆に発達が学習に影響する），学習も発達も文化的文脈に深く埋め込まれている。この事実は，すべての生徒が成功するよう援助するためには，教師は子どもの経験が一人一人異なっていることを理解して認め，個々の生徒の経験とその背景にある文化の強みを理解して，それを活かすことができなければならないということを意味している。子どもの文化的経験と家庭における経験を理解することによって，

不必要なコミュニケーション上の誤解や，誤った理解をしないですむようにできるのである。

　最後に，生徒が学習者としてまた社会に貢献できる者として，さらにはしっかりした価値と人格を持った個人として健全なアイデンティティを形成できるよう援助するにはどうしたらよいかを，新任教師は理解していなければならない。このようなアイデンティティが，生徒がいかに行動するかを決定し，時間や労力をどのように使うかを決定するからである。子どもたちは努力すれば成功できるのだと考えられるようになって初めて，一生懸命に学習し，自分や他者を援助するようになる。このような発達への支援は，学校と家庭で，大人たちが一緒になって，共通の価値と支援ネットワークを作り上げるときに，いっそう容易になる。したがって教師は，親や同僚と共に，子どもの発達と学習を支援する共通の土壌をどのようにして作ればよいかを知っていなければならない。

言語

　生徒の言語的背景にかかわらず，すべての教師は生徒と言葉を用いて直接親しく関わる。どの教科を教えようと，幼稚園の園児か小・中・高の生徒かにかかわらず，教師はあらゆる教育活動において，さまざまなしかたで言葉を使う。生徒の注意を惹きつけるために，情報を提示するために，要点を指摘するために，議論を喚起し，賞賛し，より良い答えを求め，説明し，また時には叱責するために，言葉を使う。しかし多くの教師は，

この教室での言葉の使用を,まったく意識していない。語気を強めたり意味を伝えるために特定の話し方をするよう選択している,ということに気づいている教師はほとんどいないし,どのようにしてその方略を身につけたかも覚えていない。彼らは言語使用に熟達しているにしても,生徒がどのように言語技能を習得するのかについて特別の訓練を受けない限り,言語学習をどう支援したらよいかを知っていることはまずない。

　新任教師が,言語や言語間の相違について理解すべき数多くの基本知識がある。

・他言語の話者と同じく,英語話者も出身地域や出身階層によって多様な方言を使っている。
・これらの多様な英語は,発音,語彙,文法構造すら異なっており,いずれも非常に複雑であり,洗練された規則から成り立っている。その話し言葉においては,「ain't ain't no error」という言い方も間違いではない。それどころか,この言い方は話者による複雑な規則の学習を反映しているのである。教師は,生徒が一般社会で受け入れられる標準英語を話したり書いたりできるように援助したいと思うだろう。だが教師は同時に,「ain't」(am not の短縮形で,無教育の人の言い方ないし方言と考えられている)のような言い方は,生徒の知性の欠如を示しているというよりも,その生徒のコミュニティでの会話への応答であり,学習に失敗した結果というよりも,洗練された暗黙の学習の結果であることに気づくことが重要である。

- たいていの子どもは，話す言葉が標準英語ではないとしても，家庭やコミュニティで話されている言葉の有能な話者として，学校にやってくる。
- どの言語を話す人々とも同様，標準英語であろうがなかろうが，いかなる英語方言の話者も，日常生活で多くの場に特有の表現や話し方のスタイルを用いている。彼らが使用する英語がどのようなものであれ，子どもは教師や宗教指導者のような権威ある人物に対するときと，親しい友人に話しかけるときとでは，異なった話し方をする。家庭，学校，校庭，その他の場所で，彼らは異なったしかたで言語を使用する。このことを理解している教師は，教師に助言を求めたり，友達と遊んだりするときにふさわしい話し方をやめるよう生徒に求めることなしに，小論文を書いたり，口頭でプレゼンテーションをするというような，アカデミックな慣習スタイルも生徒の言語レパートリーとして広げていく援助をすることができる。
- 学校で使用される言語様式と同様の言語様式を用いている家庭の子どもだけが，学校言語が使用するルールをあらかじめ習得している。家庭でこのような言語を使用していない子どもは，質問やその他のコミュニケーションが学校では家庭と異なる意味を持つことに，最初は困難を覚えるかもしれない。新たな語彙と新たな言語形式を学校で教わらなければならないだろう。

生徒の言語発達を援助するための基礎知識として，教師は音

声システム（音韻論）や語構造（形態論），文章構造（統語論）など言語の基礎単位について理解している必要がある。教師は，（家庭と学校の両方での）第一言語習得と第二言語習得，言語の多様な違い，話し言葉と読み書き能力の関係について理解し，教室における実践との関係においてこれらのトピックスを学んでいる必要がある。

多くの子どもにとって，考えを議論したり，テキストを理解したり，個人・小グループ・あるいはより大きな集団の場で自分の学習していることを表現したりできるようになるためには，学校で期待されている話し方と書き方を学び，言語レパートリーを広げることが求められる。このことは教室において，学校で支配的な言語や読み書き様式とは異なる背景を持つ生徒にとって，学校の期待に合うやり方で言語を使用するために練習しフィードバックを得る特別の補習機会が必要なことを意味している。英語を母語とする者にも，他言語が母語の者にも，一定の形式で質問し答え，要点を挙げ，情報や明確化を求め，教科の専門用語を使うことができるようになるように，教師はどのようにして明確にモデルを示したり指導をしたらよいかを知っている必要がある。

英語が母語でない話者に対しては，新任教師は英語で直接教えるだけではなく，流暢な英語話者と頻繁にやりとりする機会を子どもに与えることの重要性を理解している必要がある。新任教師は英語が母語でない子どもたちが教室での説明についていけているか，ワークシートに書かれた指示を理解できているか，決められた時間内で割り当てられた課題を読めているかを

知るため，英語学習者（ELL）としての生徒の能力をフォーマル，インフォーマルなかたちでどのように評価したらよいかを知っていなければならない。新任教師は（英語を母語とする生徒と同様に）さまざまな英語学習者の生徒にとって，授業がついていけるものになっているかどうかをどう評価したらよいのか，授業内容と言語の点で妥協することなく，それらの生徒がより参加しやすくなるよう，いかに授業をデザインしたらよいのかを知っていなければならない。たとえば，新任教師は，語彙を適切に選んで明示的に教え，注意深く選択したテキストを用い，考えを図示するなどの方法を知っていなければならない。また，話したり書いたりするという英語産出上の限界のために，英語学習者に不利にならないように，それらの生徒の学習内容についての知識をどのように評価したらよいのかも理解していなければならない。そして書き言葉，話し言葉の両面で，教科において多くのモデルをどのように提供したらよいかも知っている必要がある。実験レポートをどのように書いたらよいかを説明したり，教室での上手なプレゼンテーションのモデルを示したり，文章題を読む指導をしたりしていくことで，教師は教室のすべての生徒に，学業のために必要な言語の発達を育むことができるだろう。

教科とカリキュラムの目標についての知識

学習者を理解することに加えて，教師は教科について知り，

生徒のニーズと学校の学習目標の両方の観点から，カリキュラムをどう組織するかを理解していなければならない。民主主義における教育の社会的な目的をも考慮に入れた「カリキュラムのヴィジョン」が，何をなぜ教えなければならないかを決めるのに必要である。この「カリキュラムのヴィジョン」に基づいて，教師は教材と授業を選択し，翻案し，デザインして，目標を達成できるのである。

　新任教師は，教室においてすべての生徒が鍵となる概念と技能を習得できるよう一連の学習機会を提供し，これまで論じてきたようなさまざまな発達の筋道（認知的，社会的，言語的等々）に沿って生徒が発達していけるよう計画し，実践できなければならない。生徒のニーズと教育内容の要求に適う授業，それゆえ生徒にとって重要な能力が，きちんと発達していくように目的を持って積み上げられていく授業を計画する能力は，多くの人が直感的にこうすべしと知っているたぐいのものではないし，指導なしに教室経験から学べるものでもない。教室で用いるテキストやその他の教材は提供されているとしても，教師は，生徒たちのニーズや過去の学習経験，コミュニティの資源や要請を踏まえて，それらを目標や教育のスタンダードに合うものとするには，それらをどのように使えばよいのかがわかっていなければならない。教師は生徒の学習ニーズに基づいて，教材の評価や選択，課題の計画と順序づけ，宿題，さらにはさらなる教授のための学習評価活動など，多様なカリキュラムに関わる決定をしなければならない。

　教師に対するこれらの要求は，教育をスタンダードに基づく

ものにする改革の到来と共に増大している。そこでは生徒に欠落している技能や学習がうまくいかず苦闘している技能を習得できるよう，学習に関するデータを利用することが前提となっている。カリキュラムを決定していくために，新任教師は生徒の学習に関する，国，州，各地区の教育スタンダードについて知っていなければならない。スタンダードを良く理解し使用するためには，理解の基礎となる中心概念が何かを認識し，生徒が何を知っているかを評価し，教える生徒たちにふさわしいやり方で，重要なトピックスを中心に授業を構造化していくことが求められる。

またカリキュラムについての新任教師の初期の知識には，目標が明確で活動や評価にきちんと反映されており，目標達成のための学習経験がきちんとデザインされているような，一貫したカリキュラムプランをどうやって開発し実行するかについての理解が含まれていなければならない。どのようにしてしっかりとしたカリキュラム決定ができるかについて知っていなければならない。それには生徒が内容の鍵となる考えを理解するのを助ける適切な教材と指導方略を選ぶことも含まれる。今日では，生徒が情報や学習資源にアクセスし，技能を発達させ，考えを表現することを助けるテクノロジーの使用をカリキュラムに組み込むこともできなければならない。

また多くのカリキュラムの目標同士は，時間と注意配分で常に競合するものであるが，教師はそれらのバランスをとって，生徒の重要な概念についての深い理解，重要な考えを関連づける能力，そして他者と協力し，貢献する社会的技能を促進でき

ることも必要である。新任教師は、常に注意を払うべき、カリキュラムについて長年論じられてきた問題も自覚していなければならない。つまり、学ぶ内容の広さと深さのバランスをとり、学習に対する認知的、情緒的目標の両方を組み込み、内容の断片化を避け、適切でありかつ厳密であるよう努力しなければならないのである。

このバランスをとるにあたって、教師は学業技能を育成し職業への準備をすることから、民主主義社会において市民に求められる責任能力を発達させ、個人としての才能を発達させることまでの、学校に求められている多様な目的に自覚的でなければならない。また新任教師は、カリキュラムや、授業、評価に関する政策、（特別な配慮を必要とする生徒や言語的マイノリティも含め）、生徒の教育に対する権利、子どもの保護と福祉、生徒のための特別な教育プログラムやサービスへのアクセス等、子どもと家族に対する専門職としての責任も自覚しなければならない。

まとめると、新任教師は自分がどこへ向かい、なぜ生徒をその方向へと行かせたいのか、そしてそのために教師と生徒はどのようにすればよいのかについて認識している必要がある。生徒のニーズに応える一貫したカリキュラムを作り、「隠れたカリキュラム（ヒドン・カリキュラム）」が相互に敬愛しあう関係と対等な学習機会を培うような教室コミュニティを構築することができなければならないのである。

教えることについての知識

　図1.1の3番目の円は，学習者がカリキュラムにアクセスできるようにする巧みな指導に関わっている。この過程は教科の知識に加え，少なくとも4分野の知識と技能が基本となる。すなわち教科領域に特有の教育内容の知識の開発，多様な学習者にいかにして教えるかの知識，評価についての知識，そして生徒たちが目的を持って生産的に学習することができるよう，教室での活動にいかに対処していくかについての理解である。以下，それぞれについて順に述べていこう。

教科を教える

　授業の多くは，それに先立つ生徒の理解の予測と準備にかかっている。教科の準備をするには，その教科自体について，また，その内容を学習する過程や，生徒の思考や推理と理解，ある内容に対する生徒の学習ぶりについての深い知識を必要とする。これらは教育内容についての知識の基盤である。それは，その内容を生徒が理解できるようにするために教師が持たなければならない固有の知識である。
　教師は，教科についての柔軟な理解を必要とする。教師は生徒に与える問題をどう解くかを知っていなければならないし，数多くの問題を解くにはさまざまなアプローチがあることを

知っていなければならない。しかしこのような能力だけでは十分ではない。教師はまた，その内容分野における生徒の理解や誤解の典型的なパターンを予期し，それに応じられなければならない。教師はこのような誤解を予期し診断しなければならないし，そのような誤りが生じたときには，それにいかに対応するかも知っていなければならない。（例1.1［28-31ページ］を参照。）教師は鍵となる概念について多様な実例や表現（表象）を創造できなければならない。そうすることによって，多様な学習者がその内容にアクセス可能となるのである。これらの表現（表象）は，生徒にとってなじみのない新たな概念と，すでに知っており経験していることをつなげるものである必要がある。

　教師は特定分野での学習過程を理解している必要がある。たとえば，熟達した数学者，読者，作家，科学者，歴史家，アーティスト，ミュージシャン，言語話者になるために必要な，重要な概念や思考技能，遂行能力を，人は通常どのように習得するのか？　教師はまた，その学問の構造も理解する必要がある。その学問を特徴づけている主要な思想，研究様式は何か，たとえば科学における実験，歴史と社会科学における展望的認識と証拠，言語芸術における意味と表現，数学における論理と問題解決等々である。

　新任教師は教科を教えるにあたって，以下の質問に答えられなければならない。

・**その教科をどのように定義するか？**　その教科を理解する

上で中心となる概念と過程は何か。その教科には競合しあう定義があるか？　国や州の教育スタンダードや枠組みでは，その教科内容をどう定義し，何をもってその内容を理解しているものと定義しているか？

- **その教科を教える目的は何か？**　なぜその教科を生徒が学習するのが重要なのか？　その教科のどのような側面がもっとも重要か？　生徒の年齢によって，教科を教える目的に違いがあるか？
- **その教科を理解している，あるいは良い成績をあげるとは，どのような状態なのか？**　理解や成績にはどのような異なる側面があるのか？　異なる発達段階において，生徒に期待されるその教科についての理解はどのようなものか？生徒はどのように理解を発展させ，上達していくのか，学習指導はこの発達をどのように支援することができるのか？
- **その教科を教えるのに利用可能な基本的なカリキュラムにはどのようなものがあるか？**　そのカリキュラム教材にはどのような定義が組み込まれているか？　カリキュラムは国や州のスタンダードとどの程度整合性があるのか？　学年にわたって，その内容がどのように構造化されているか？　生徒の教科学習を支えるために，教師はカリキュラム教材をどのように効果的に使えるか？
- **その教科領域において教師は生徒の理解と成績をどのように評価できるか？**　どのようなツールが生徒の能力を査定するのにもっとも有効か？　教師はこれらの評価結果を指

導において活かすためにどのように使えばよいのか？
・**特定の内容の指導に特徴的な実践はどのようなものか？**
生徒の学習を促すのに，どのような実践とアプローチが有効であることが示されてきたか？　ある特定の学習者集団に特に有効な実践はあるか？　どのような教材の表現や実例，アナロジーが，生徒が特定の概念や考えを習得するのを助ける上で特に有効か？

例1.1　教育的な教材知識の例

あなたは短編のおとぎ話を小グループの子どもたちと一緒に読んでいる教師だと思ってほしい。ジュアンという子の読みが気になったので，あなたは彼を脇に呼んで，そのお話の次の一節を音読するように求めたとしよう。

「昔々，1人のおじいさんとおばあさんが森の中の小さな家に住んでいました。彼らはたいそう貧乏でした。おじいさんは薪にするための木を切りに出かけました，おばあさんは彼に1個の小さなおにぎりを持たせました。それはその家に残っていた最後の食べ物だったのです。」

この文章をジュアンはこう読んだ。((　) が英語として正しい語)

"Once upon a time, an ol (old) man and his wif (wife) lived in a little hus (house) in the wuds (woods). They were very poor. The man was going to cut wud (wood) for the fir (fire). His wif (wife) gave him a little ras (rice) cak (cake) to tak (take) with him. It was the last bit of f. f. f. food (food) they had."

ジュアンの教師として，学習指導にあたって焦点を当てるべきもっとも大事なことを次の中から2つ選ぶとしたら，どれか。
・頻度の高いサイトワード（目で見て覚える重要語）の勉強
・意味をとって読む練習
・子音・母音・子音のパターンについての指導
・子音の発音についての勉強
・背景知識の使用（文脈から推理して読むこと）

このジュアンの読みの例に基づいて，熟練した教師はこの短いテキスト部分がジュアンには読むのが難しい水準のものであることを見てとって，これを1人で読むのは適切ではないと判断するだろう。ジュアンが犯した誤りの数とそのタイプから，彼にはもっとやさしいテキストを与える必要があると考えられる。ジュアンが読み誤りを起こした水準のテキストから，ジュアンの長所とニーズを明確に理解するのは難しいけれども，ベテラン教師ならジュアンの読み方から，彼が意味を理解して読んでいないことがわかる。最初の1文だけでも，彼はいくつかの単語（wife, woods, house）を読み誤り，それらを無意味な語（wif, hus）に置き換えている。このことは，彼がこれらの語の解読に困難を抱えているだけでなく，文章の意味が通じるように推量できていないことにも気づいていないことを示している。ジュアンは読むときセルフモニタリングをしておらず，意味をとるために文脈を使って読み直すこともしていないよう

である。

　こうしてみると，ジュアンは読むときには意味をとらなければいけないということをまだ学べていないように思われるが，この結論はジュアンが英語学習者である（母語が英語ではない）という事実のため，複雑となる。この与えられた情報だけでは，彼の英語の熟達水準を知りようがない。また，彼が読み誤った語（wife, house, fire など）が，彼が日常聞いたり話したりする英語語彙の一部なのかどうかもわからない。この文章が彼にとっては読みがたい水準のものであり，多くの語を読み誤っていることが，セルフモニタリングするために文脈を使うのをさらに困難にしているという事実が，事態を複雑にしている。この点は，教師がさらに知りたいと思うところである。

　ベテラン教師なら，ジュアンが読み誤った語の多くが，CVCe語（子音・母音・子音の後に発音しない e が続く語）であることにも気づくだろう。このCVCeの一般的規則は，英語に熟達した読み手には馴染み深いことであるが，このパターンの語（wife, bite, kite, mate など）は一般に長母音を持つ。おわりに "e" がつかない母音は短母音となる（bit, kit, mat など）。ジュアンは子音は正しく読んでいるが，真ん中の母音の発音を誤って短母音を持つ語のように発音している。彼は長母音を示す綴りのパターンをまだ学んでいない。この知識がある教師ならばこの点に的を絞って指導し，ジュアンのテキスト解読能力を援助してから，意味を理解する読みを始めるだろう。

出典　この例はワシントン大学の Sheila Valencia からとった。下記文献に収載されている。Pamela Grossman & Alan Shoenfeld, "Teaching subject matter", In *"Preparing Teachers for a Changing World: What*

> *teachers should learn and be able to do."* San Francisco: Jossey-Bass, 2005.

多様な学習者に教える

　今日の学校では，教師は多様な生徒集団に教える準備ができていなければならない。有色の生徒が小中学校の40％を占めており，10％以上の生徒が最近移民してきた，英語を新たに学習する者たちである。多様な言語と文化背景に加えて，教室の中での学業能力の多様性が増加し，特別のニーズを持った生徒が主流となってきている。13％の生徒が特別支援教育が必要と認定されている。その半数は普通教育の学級で多くの時間を過ごしている。新任教師は授業計画を立て教えるときに，生徒の多様な経験と学業のニーズを考慮に入れて準備できなければならない。

　すべての子どもにきちんと指導するために，教師は生徒たちが有意味な課題に取り組めるように，いかにカリキュラムを作成し，指導すればよいのかを知っている必要がある。学習の基本原理は，人はすでに知っていることと経験してきたことから始め，それらと学習しようとしている新しい情報や考えとをつなぐことである。そこで，新任教師は，生徒の経験と既有知識をもとにしながらカリキュラムと授業を構成するために，どのようにして生徒の経験について学べばよいかを知っている必要がある。

新任教師はコミュニティや家族，個々の生徒についてより多くのことを知るための準備ができていなければならない。教師が家族やコミュニティの価値，規範，経験に気づくと，多くの生徒が取り組まねばならない家庭と学校の間の「境界を越える」という課題に仲立ちとなって援助できるようになり，学校の仕事でも親たちとより良く関われるようになる。

　教師は自分自身の持つ文化的前提が教室における実践の出発点をいかに形成しているかを理解するために，この前提を確かめる術を知っていなければならない。また一方で，生徒の長所や興味，コミュニケーションのしかたや行動の様式をどのように見出すかも知っていなければならない。さまざまなしかたで学ぶ生徒たちを指導するためには，さまざまな学習スタイルとアプローチに応える指導方略のレパートリーが必要である。教師は多様な文化と言語背景を持つ生徒に適切かつ多様な，フォーマル，インフォーマルな評価ツールを用いて，生徒が何をわかっているかと同様に，**どのように**学んでいるかも診断できなければならない。また教師は，さまざまな背景を持つ生徒の見方が活かされ，寄与できるようなカリキュラム内容と教材についても，同様にわかっていなければならない。

　多くの教室での多様な言語と文化に加えて，別な多様性として，生徒の学習の個人差がある。これには，特別な教育ニーズを持つ生徒も含まれ，多くの教室に共通してこれらの生徒は増えてきている。特別なニーズを持つ生徒を教えるに際して，教師は，人々の学び方と情報処理過程の差異を理解していなければならない。それには失読症や発達遅滞，自閉症，注意欠陥性

障害のような，よくある学習障害の性質の理解も含まれる。教師はきわめて軽度（ほとんど認識できない程度の障害）からきわめて重篤な状況まで，さまざまな条件があることを知っているべきである。広く知られている障害（たとえば聴覚障害や視覚的処理の問題）を持つ生徒が教材にアクセスできるよう援助するために，評価，指導方略，適合化の基本的レパートリーを持っているべきである。教師は特別なニーズを持つ生徒たちに対して，時間や課題量，課題の難しさ，（テクノロジーによる支援も含む）提供できる援助の種類，情報の提示方法（聴覚，視覚等々），（生徒が学習成果をどのようにして表現したらよいかという）要求されるアウトプットの種類に対する適合化の方法も最低限，理解しておくべきである。読みに障害を持つ生徒も多く，教師は基本的な指導法と，日常の教室環境設備を支援するために有効な方略についての知識を持っておく必要もある。

　以上に加えて，新任教師は特別支援教育の認定とクラス分けの過程，その過程で他の専門家や親とどのように連携していくかについて，ある程度理解している必要がある。特定の診断や障害，サービスについての詳しい情報をどこで入手できるかも知っていることがもとめられる。そして新任教師は，教室で，生徒の個別支援計画（individualized education plans；IEPs）をどのように作成し，それをどう実行したらよいかについてわかっていなければならない。つまり，教師は担当する生徒の学習に密着した研究と，学習の個人差をどのように支援したらよいかについての理解に基づいて，応答的に教えることができなければならないのである。

生徒の学習を評価する

　教えることの中心課題が，異なる経験や学習スタイルを持ち出発点の違う学習者たちが共通の高次な知識と技能を習得するのを可能にすることであるならば，教師は生徒が考えていることを知る多くのツールを持ち，彼らのニーズに応じて学習指導を行うことができなければならない。生徒の学習評価は，学習過程と切り離せない。その一部なのである。10年前には，教師は学習目標に適合したテストをどう行うかを知っていれば十分だと考えられていた。しかし今日では，生徒が何を理解したかを知り，生徒がその教科分野でどのように推論しているのかを知る評価が，学習を進める中核となる強力なツールであることがわかっている。指導，学習，評価は相互に影響しあう循環的なものであることを理解していなければならない。たとえば，生徒の学習評価は，指導とそれに続く学習を改善するのを助ける。この考え方は，教授，学習，評価という3つの行為を順に行う別々の活動と捉えるのとはまったく異なるものである。

　新任教師は，テストやパフォーマンス課題への答えだけでなく，観察や生徒との話し合い，インタビュー，記録，ディスカッションなどのさまざまな評価方略とツールを使う技能に熟達していなければならない。指導や学習を改善するための，指導過程で行う形成的評価についての知識も豊かに持っていることが必要である。これらの評価は学習過程を通して生徒の学習が進捗していくとき，彼らの思考を可視化するのを助け，

フィードバックを可能にして生徒の思考やパフォーマンスを見直すための案内となり，生徒が何を知る必要があり，いかに学ぶかに適した指導のしかたを計画する助けとなるよう，指導過程全体にわたって導入されるべきである。

どのようにして具体的かつ生産的なフィードバックを与えたらよいかを知っていることは，生徒が自己評価できるようにどう援助したらよいかを知っていることと同様，教師にとって鍵となる技能である。教師は単に正答かどうかのフィードバックを与えればよいのではない。つまり，教師は達成すべき基準と明確に関連づけてフィードバックを与えなければならないし，生徒に改善するための方略と修正の機会を与えなければならない。教師は，学習の最終時点だけではなく，学習過程全体を通してフィードバックを行うことの重要性を理解していなければならない。そして，見直しのときに取り組めるよう鍵となる少数の点に焦点を絞った建設的なフィードバックを与えながら，その生徒の良さをはっきりと伝える肯定的なフィードバックを与えることの重要性も認識していなければならない。

もっとも大事な点は，評価で得られた情報を教室における一瞬一瞬の意思決定（たとえば，生徒がある新しい概念について理解するためには，さらに説明が必要であるかどうか），短期の計画（たとえば次の授業のデザイン），長期の計画（たとえばより大きな単元を開発する）のために用いるなど，評価から得られた洞察を，指導を計画し修正するために使うことができなければならないということである。これがうまくできるためには，教師は，生徒の先行知識を評価できなければならない。

それによって指導をどこから始めるかを決定できる。また，その教科領域の典型的な学習の進捗過程についての作業仮説も持っていなければならない。それによって何に向かって生徒を援助しているのか，もし生徒がすぐに理解できないなら，どのように支援したらよいかを知ることができる。生徒個人と集団のレベルで，教師は生徒の優れた点と弱点のパターンを評価するために，さまざまな評価方法からデータを得，活用できなければならない。そうすることによって，教師は生徒の強みを活かし，必要なところに指導の的を絞ることができるのである。

　評価を計画するにあたって，教師は学習目標を表わす課題（たとえば本や新聞を読む，実験を行う，説明を行うなど）をどのようにして選び，展開すればよいのかを知っていなければならない。そして州の教育スタンダードと評価，学習経験をどのようにつなげるかを知っていなければならない。そうすれば生徒は，彼らが取り組んだ活動の結果として，課題に成功できるだろう。

　新任教師は，学習を妨げているかもしれない指導方略の特定の側面を判断できるよう，データをどのように体系的に使ったらよいかを知っていなければならない。たとえば，選んだ課題が第二言語学習者や特別の支援を要する生徒にとっても適切であったか，生徒と教師の学習の両方にとってよい情報を生み出すことができたかどうかなど，自分自身の指導と評価，決定を評価できるようにならねばならない。

　教師は成績をつけ，生徒の進捗について親に報告する責任も持っている。主として知識を評価し，成績をつけ，生徒の熟達

を証明するための総括評価を，適切かつ役立つ情報として，どのようにして構成すればよいかを知っていなければならない。これらの評価は，期待される成績との関連で生徒を評価すると同時に，生徒に高次の技能を示す機会を与え，進歩を示すことができる多様な方法を提供するものであるべきである。教師は伝えるべき情報の種類，さまざまな種類の成績システムの利点と限界なども含め，成績をつけるにあたっての原理を理解していなければならない。

　新任教師は，国，州，学区レベルの評価で用いられるスタンダード・テストの種類について理解していなければならない。これには，それぞれのテストが何を測定しているのか，そのテストの得点から何が推論でき，何は推論できないのか，指導を向上させ，子どもの達成について保護者に情報を伝えるために，どのようにテスト得点を解釈すべきなのかの理解が含まれる。教師はまたさまざまな大規模評価（high-stakes assessment）を使うことの効果，あるいは害となる影響についても知っていなければならない。この知識を使って，教師はテストが提供する情報の利点を最大限に活かし，大規模評価の潜在的な悪影響を最小限にすることができる。その悪影響とは，カリキュラム内容を狭めたり，データが不適切なクラス分け決定に使われたりする危険性である。

学級を経営する

　多くの新任教師，とりわけ十分に準備ができていない教師は，

関心の多くを学級経営，特に生徒のしつけに関わることに向ける。学習に向けて学級を組織することは，貴重な時間を守り，指導と学習にとって肯定的な環境を生み出す上できわめて重要である。しかし効果的な学級経営は，行儀の悪い生徒の行動に対処する学級の決まりや手順というルールを超えるものである。活動ややりとりを，秩序だっていて目的的であり，生徒が何をし，いかに行動したらよいかの共通理解を持てるよう組み立てる術を知っている教師は，何を期待されているかを生徒がわかるので，彼らにより多くの成功機会を与える。しっかりしたカリキュラムと十分に発達したコミュニティ感覚，確立された明確な教室ルーティンがあるなら，教師は生徒の問題行動に出会うことが少なくなるだろう。

学習がきちんと行われる教室を作り出していくためには，まず新任教師は，生徒が意欲を持って打ち込めるような意味ある授業をいかにして作り出すかを知っていなければならない。生徒の学習と取り組みを支援するもっとも基本的な要素は，発達にふさわしく内発的に興味深い課題の選択と，生徒が成功するように支援を与えることである。

第2に，学業においても対人関係においても，相互に協力しあい援助しあう責任感に加えて，集団への所属と全体の幸福のための関与の意識を支援する教室の学習環境をどのように発展させたらよいかを，新任教師は知っていなければならない。このようなコミュニティを発展させるために，教師は相互に敬意を持って関わりあうことを生徒が学ぶのをいかに援助するか（多くの生徒が，教えられる必要がある），すべての生徒に集中

した学習が起こる協働的な学習活動をいかにしてデザインするか，そして学習におけるパートナーシップを家庭にまで広げられるように，保護者とどのように活動すればよいのかを理解していなければならない。

　第3に，新任教師は学習時間を最適にし，気が散るのを最小限にするような，秩序だった目的的な環境を提供するため，教室をどのように組織していけばよいかを知っていなければならない。これには，活動の流れをいかに維持するかを知っていることも含まれる。すなわち，生徒の応答に機敏に応じ，生徒の注意を保つよう指導を調整し，誤った理解を明らかにし，問題に注意を向けさせる。そしてきちんと理解された行動規範を生徒と共に確立する。また教室の物理的な環境設置，部屋からの移動，集団作業や個人作業における役割と期待，資料をどのように配布するかというような一般的問題，出席をとるとか生徒の机を移動するなどの教室固有のルーティンに関わる問題，議論にどのように参加したらよいかというような特定の指導活動への関与等について，いかに生産的な教室ルーティンと手順を築くかについても知っていなければならない。

　第4に，生徒の授業妨害や教師や他生徒への侮蔑などは比較的まれなことではあるが，そのような場合にどのようにしてその生徒の行動を修正し立て直すのかについても，新任教師は知っていなければならない。学級の目標や規範に対して，ある生徒の行動が逆効果を招くような場合には，教師はその生徒の学習状況やニーズ，その生徒の行動史，学級の文脈，学級や学校の方針と照らし合わせて問題の深刻さを評価し，それにあわ

せて選択可能なさまざまな方略を知っていなければならない。新任教師はちょっとした授業妨害の場合には生徒の注意を再び取り戻すために、控えめな方法をどのように使えばよいのか、生徒間の衝突の場合に葛藤解決技能をいかに使用すればよいのかなどをわきまえていなければならない。そしてまた、特定の学級経営プログラムをどのように評価したらよいか、生徒が自分の行動を評価し、修正し、かかわり合いのなかで長期的な進歩が生まれるような問題の解決を見つけられるようになるのに役立つ推論技術を含めて、望ましい行動の明確なモデルをどのように示し教えたらよいかについても、知っていなければならない。

まとめ

　新任教師が教室の責任を引き受ける前に知っておくべきことは数多くある。特に、彼らはすべての子どもたちに教える責任を負わねばならない。このとてつもない責任を果たすために、新任教師には以下のことが求められる。

- 担当する教科について良く知っていると同時に、それを生徒にどう教えたらよいかを知っていること
- 生徒がいかに学び発達するかを理解していること
- 生徒の学習と発達についての正確なフィードバックを得るために観察し、モニターし、評価できること

・自分自身を良く知ること——自分自身の言語と文化を理解し，違う言語パターンや異なる理解のしかたを持つ他の文化をどうやって学んだらよいかを知っていること
・生徒について知っていることと生徒が必要としている学習とをつなぐ，カリキュラムと学習活動を作り出すことができること
・生徒があらかじめ持っている概念や誤概念を予測し，特定の教材内容を理解できるようにいかに教えたらよいかを知っていること
・学習スタンダードを査定する評価をいかに開発し使用するか，そしてその評価結果を生徒の学習ニーズに合うように教える計画をたてるのにどのように使ったらよいかを知っていること
・個々の生徒の学習ニーズを診断できるよう，さまざまな課題や友達とやりとりをしているなかで，個々の子どもを観察することも含んで，どう体系的に研究したらよいかを知っていること
・その教室の文脈や個々の子どもの学習困難の特質，子どもの学校外での生活などの特定の状況のなかで，なぜ子どもがその特定の方法で応答したり行動したりするのかを評価できること
・必要に応じて，介入をしたり，流れを変えたり，指導方法を変えたりできること

教師は何を知らねばならないか――要点

・教師は生徒がいかに**学習**し**発達**するかについて，そして**言語**を**いかに習得し使用する**かについて知る必要がある。
・教師は**教科**と**カリキュラム**目標について理解する必要がある。
・教師は**教える**こと，すなわち，多様な学習者が理解できるように，いかに**教科を教え**，**学習を評価**し，**学級を効果的に経営**するかを知り，理解する必要がある。

第2章
教師は必要な知識をどのようにして学べるのか

　教えることと学ぶことについての知識は増大しているにもかかわらず，教師がこの知識に接しているかとなると，確かだとはとても言えない。これは，教員養成プログラムの性質や質がきわめて多様であることと，教員養成教育を完全に修了することなく教師になる人がかなりの数に及ぶという2つの理由による。大半は，伝統的な学部あるいは大学院での正規の教員養成プログラムを受けて教師になる。しかし別の多様な経路を通って教師になる人がますます増えており，そういうプログラムは卓越したものからほとんど教育と言えないものまで，いろいろである。そして近年，ますます多くの教師が，正規の養成教育の経験なしに臨時雇用や自由契約で雇われるようになっている。今日では新任教師の15％以上が，非伝統的な経路で教職に就いている。伝統的であろうがなかろうが，教師が受ける養成教育の種類と質には大きな幅がある。

　これから教師になろうという人々も，養成教育に入る前の知識や技能の点でまた実にさまざまである。特定の教育内容分野にはとても詳しいが，子どもについても，カリキュラムや学校についても知識のない者がいる。あるいは子どもの発達につい

ては詳しいけれども，個々の教科内容や指導法，学級経営については ほとんど知らない者もいる。また日曜学校や少年団など，学校外で子どもや若者と何年か働いた経験がある人もいる。多くはきちんと教育を受け，教えることや学ぶことに関わる「本」での知識は持っているが，その知識を効果的な実践に移すために必要な技能と経験を欠いている。彼らの教え方でも容易に学べる生徒に情報を提示する分には，よいセンスを持っている者もいる。しかし学び方の違う生徒，知識にギャップがあったり，特定の学習困難を持っている生徒に教える技能は欠いている。

　このように多岐にわたる教師志望者集団に，彼らが教師になったとき，すべての生徒に教室で成功を収めさせることのできる知識，技能，資質を発達させられるよう保証するプログラムと学習環境を，どのようにして作り出すことができるだろうか。どのような知識と技能が，教壇に立つ前に必要なのだろうか。もし新任教師の経験が適切に構造化されているとして，教えることのどのような側面を，仕事のなかで学ぶことができるのだろうか。

　さまざまな背景を持ちながら教師になろうとやってくる人々の知識と経験に応じることのできる，多様な学部教育と卒業後プログラムが必要とされているのは明らかである。唯一つのアプローチでは，これから教師になろうとするあらゆる人々の要求に適切に応じることはできない。しかしすべての教員養成プログラムが，教職志望者が教壇に立つ前に，学習，発達，カリキュラム，授業の基礎について理解しているように保証するも

のでなければならない。教師志望者が，教育実習やインターンを通じて，実際に教えながら学ぶ場合には，カリキュラム作りや学習指導の分野，そして生徒個々人のニーズといった点について日々コーチし，モデルを示し，意思決定を監督していくことのできるベテラン教師のスーパーヴィジョンを受けるべきである。熟達した教師の経験と監督を適切に提供できるようにスーパーヴィジョンを構造化していくことは，伝統的な大学や短大での養成教育かそれ以外のコースかを問わず，プログラムの鍵となる留意すべき問題である。教師が習得した知識内容を**使える**かたちでいかに教えるかは，また別の問題である。

　これらの問題は学校教育に独自の問題ではない。たしかに，すべての専門家教育に関わることである。教員養成カリキュラムは，教師が何を学ぶ必要があるかということと，いかに学ぶかということの両面から形成されるべきである。これは何よりも，教員養成カリキュラムの内容が，効果的な教授には何が含まれ，どのような要因が生徒の学習に影響するのかについてのメンタルマップを得られるように体系化されるべきであることを意味している。本書で述べる諸領域は，このようなマップの要素を示し，教師がその上に築き続けることのできる基礎となるものである。仕事と学習についてのこのスキーマを持っていれば，教師はキャリアを通じて特定技能についての知識を探求し，加えていくことができる。

　教師がいかに学ぶかという点で教師教育を構造化するには，教師の発達の道筋を勘案しつつその発達順序に基づいて，教師としての自分に焦点を当てることから生徒の学習に焦点を当て

ることへ，基礎的な学習理論から実際に教える上で理論の持つ意味へと，カリキュラムを組織化することが必要である。また教師が，**実践しながら実践について学ぶ**方法を見出し，具体的に応用し，実践上の問題を提起して，分析し，問えるようになる，ということも意味している。このように新任教師は彼らが学習していることを適用し，起きていることを分析し，それに基づいて行動を調整する一貫した機会を必要としている。彼らは特定の教科領域を直接指導することに加えて，学ぶこと，教えること，カリキュラムについて探求し省みることを必要としている。彼らが教壇に立つに至った経路にかかわらず，すべての教師が，一人前の教師として登録される前に，このような学習機会を得ることが必要である。

　教員養成カリキュラムをデザインする要は，それが伝統的な教育であれ代替研修であれ，教師が一連の技能を習得し，かつ「適応的熟達者」になることが必要だという事実である。これは，新任教師が効果的にルーティンを使うことができ，かつ，ルーティンだけでは十分ではない状況では新たな方略を用いることができるようにならねばならない，ということである。教師が知る必要があることを構成する膨大な知識をすべて伝えることはできないが，教員養成教育は生涯学習の基盤となるものでなければならない。伝統的養成プログラムも代替研修プログラムも，準備に費やせる期間はかなり短期であり，すべてを教えられるわけではないから，教員養成教育は教師が教壇に立ったとき，自らの実践から学び，また他者の洞察から学ぶことができるようにデザインされなければならない。

教師はどのように発達し，学ぶか

　成功する教員養成教育をデザインするためには，教師の実践がいかに発達するかを理解することが重要である。たとえば，たいていの教師は最初は自分自身に注意が向く。つまり，教師としての自分や教室を管理する能力について他者がどう思うだろうか，に注意が向く。しかし，しだいに生徒と彼らの学習に目が向けられるようになる。自己から生徒へと焦点が移動するのに長い時間がかかる教師もいる。そしてなかには，最後まで生徒の学習へと注意が向かう段階に至らない教師もいる。そういう人は，もし生徒が学習していなくても指導法をその事態に合わせて変えなくてはならないとは感じないし，生徒のなかに学習困難をおぼえている者がいたとしても，何をすべきかをわかっていない。教員養成教育は，教師が自分自身への関心から生徒と生徒の成功を促す一連の問題解決方略へと関心を移すかどうか，そしてそれがいかに早く生じるかに影響を及ぼす。生徒の学習を分析しそれを指導と関連づけるようにするための方略が，新任教師が学習とその支援に注意を向けるよう援助するのに有効である。

　教師はまた，指導の「新米」から「熟達者」の思考のしかたへと進歩していく。教室の生活の多くの面を取り扱うことができるようになり，生徒の知的な活動に目を向けられるように成長する。熟達した教師は，他の分野の熟達者と同じように，複

雑な状況を瞬時に分析できるようになり，その状況にいかに応じたらよいかについての多くの知識源を持つようになる。そして目標を達成するために使うことができる，より広範かつ柔軟な技能のレパートリーも持っている。指導のしかたを分析し，いつどのような方略が役立つかについての知識と指導方略のレパートリーを広げていくことができる能力を発達させる教師教育が，新任教師がより早く熟達者となっていくのを助けるのである。

　また教師は，教師であるとは何を意味しているのかについての考え方も発達させていく。なかでも，学習が最初うまくいっていない生徒を成功へと導く方略を求め続ける姿勢である。専門家であるとは，単に「いろいろなことの答えを知っている」ことではなく，加えて，自らの実践を評価し，教室のレベルと学校のレベルの両方で必要とされる新たな答えを模索し続ける技能と意志を持つということでもある。生徒が学習していないというような問題状況において何が起こっているのかを診断でき，その問題に取り組むための他の資源や知識を探求できるように，教員養成教育が援助することが，このきわめて重要な姿勢の発達を助けるのである。

教えることを学ぶことについての問題

　学び続ける熟達した実践者へと新任教師が発達していくためには，教えることを学ぶことに共通する３つの問題に取り組む

ことが必要である。それは，教えることについての誤概念，実践化の問題，そして複雑性という問題である。

教えることについての誤概念

教えることを学ぶには，教えることと生徒としての経験から学んだこととはまったく異なる，ということの理解が求められる。子ども時代の生徒としての経験が，新任教師が教育という専門職に持ち込む，教えることと学ぶことについての強固な前概念を作り上げている[1]。

これから教師になろうという人が持っている教えることについての見方は，教科の役割や教授学的な知識に目を向けるよりも，教師の人格により目を向けるものであることが多い。彼らは教えることを，単に情報を伝達し生徒を熱心に励ますことだと信じていることが多く，注意深く段階を追った支援によって学習経験を目的的に組織して導くために，生徒の学習を評価することであるとはとらえていない。そして学習指導における家庭やコミュニティの重要性を低く見積もっていることも多い。もし教えることについての前概念に十分に取り組まないならば，教師志望者が無意識に有効でない実践に固執し，もっと効果的なアプローチを学びそこなう危険性がある。

新任教師の教えること，学ぶことについての理解をうまく変えることのできるプログラムは，彼らの当初の信念を，誤概念を明るみに出して直面させるためのスプリングボードとして用いている。そういう養成プログラムでは，教師志望者たちが

持っている教えることについての見方を共有し,それに取り組むことができるように,構造化された議論を行わせたり,ガイダンスのもとに教室を観察したりする方法を用いる。これらの指導方略は,教師志望者が多様な学習者がより高い学業達成ができるように導く学習指導のヴィジョンを検証し,分析し,発展させるための機会となる。

実践化の問題

教師が効果的に教えることを学ぶのを援助するには,「教師のように考える」ことを学ぶだけではなく,彼らが知っていることを行動に移せるようになることが求められる。これは「**実践化の問題**」と呼ばれている[2]。教師は多様なことを,しかも同時に多くのことを**する**ことができなければならない。この挑戦に応えるには,単に教科について知っているとか学習指導についてのアイデアを議論する以上のことが求められる。

実践化において教師が直面する課題は他の専門分野で遭遇することと似ているが,さらにそれ以上に挑戦的である。たとえば他の専門分野以上に,教師は一堂に会した数多くの顧客に対して一度にたくさんのことを同時にこなさねばならない。教室での信頼を得られる風格,さまざまな生徒が行っている多くのことや感じていることを瞬時に見てとることができるレーダーや,説明し,質問し,議論し,フィードバックを与え,課題を構成し,学習を促し,学級を経営するためのスキルなどを一度にすべて発達させることは簡単ではない。

うまく教えるために必要な情報は実践するなかで現れてくるのであるならば，教師志望者は養成期間中でも教え始めの段階でも，教えることを実践し振り返る機会を継続的に持つことが必要である。事前に，あるいは教員養成の課程に並行してきちんとスーパーヴァイズを受ける実習経験を持っていれば，理論的な学習と実践をよりよく結びつけることができ，教えることについて学ぶのがより容易となり，自信を持ち，生徒にとって有効な方法で学習したことを実践できることが研究により明らかにされている[3]。

　経験のみでは，この目標は達成できない。モデル実践を見て，それがどのように，いつ，なぜうまくいくのかを分析することが鍵である。このような手引きなしに教育を学ぶ教師は，すべての生徒への学習を促すよりもむしろ，彼らとうまくやっていくことだけを学ぶことが多く，いったん悪い習慣を身につけてしまうと，取り去るのが難しい。研究によると，新たな技能を実践することを学ぶ過程は，教師仲間が一緒に指導技術を発達させ強化し洗練していくことができるピアサポート・グループの中で，熟達したコーチの指導を受けることによって，もっともうまく支援される。教師は，仲間やより熟達した実践者からのフィードバックを受けながら，学習し，試み，実践を省みるという一連の過程を経験するなかで，その技能を磨き上げることができる。そしてそれはひるがえって，新たなアプローチを実行し生徒の学業が伸びるよう指導のしかたを調整する能力を強化するのである。このような支援が，伝統的に組織されてきたカレッジや大学での質の高い教員養成プログラムにも，質の

高い代替研修プログラムにも共通する特徴である。

複雑性の問題

　教師は，多くの生徒と同時に関わり，多くの学業目標と社会的目標を巧みにさばかねばならず，それは日々，瞬間瞬間にトレードオフを求められるたぐいのものである。マクドナルドが述べているように，「真の指導は教師，生徒，教科の間で激しく動く三角関係のなかで生じ，そしてその頂点は絶えず変化する。私が教えなければならないすべてのことのなかで，私は何を教えるべきなのだろうか。生徒たちの理解を可能にするように，私自身はそれをどうやって捉えたらいいのだろう。私に対して，お互いに，そして私が教えようとしていることに対して，生徒たちは何を考え，感じているのだろうか。私はどこまで近づき，どこまで距離をおいたらよいのだろうか。どれほどタガを締め，どの程度緩めたらよいのだろうか。」[4]

　ある程度ルーティンで教えることのできる面もあるが，それでも生徒の変化するニーズや予期しない教室での出来事の影響を受ける。そして教えるときの多くの意志決定はルーティンでは行えない。なぜなら，それは生徒の反応やある時点で求められる特定の目的次第だからである。新任教師がこの複雑さを体系的に考える方法を学ぶよう援助することは，きわめて重要である。

　これらの問題に適切に応えていない教員養成教育のアプローチもある。たとえば，教師に，教室で使われるであろう方略に

ついて例やモデルを示すことなく，一般的なかたちで話すことが，より深い理解や実践化を導くことはまずない。いろいろルーティンを持てば，教師は注意を仕事の他の面に向けられるよう解放できる。しかし，ルーティンを持たせるだけでは，うまく学ぶために違うアプローチやさらなる支援が必要な生徒に対処する診断的技能や指導技能は発達させられない。教師は複数の目標を持ち，生徒の人数は多く，多様である。そして指導は，多くの異なる領域の知識を統合することを要求する。教師は教室で何が進行しているのかを分析し，教えている生徒たちに照らして，たしかなカリキュラムや指導，評価，学級経営の意思決定をすることを学ばなければならない。

教師は必要な知識をどのようにして学べるのか――要点

- 教員養成カリキュラムは，何を教師が学ぶ必要があるか――本書に概要を述べた――と，研究し，省み，適用するという発達過程を通じて，いかに教師が学ぶかにもとづいて形成されるべきである。
- 教員養成プログラムは，教えることを学ぶ上で鍵となる問題に取り組まねばならない。それは幼稚園から高校まで生徒として習得してきた，単純な概念や誤った考え方を捨てさせ，教師が実践のなかで理論を実践に移すのを助け，教えることや，学ぶことを**分析する**ことを学ぶことによって，教えることの複雑性に対処できるよう援助することである。
- 教師は**実践のなかで実践について**学ばなければならないの

で，伝統的な形式のプログラムも別の形式のプログラムも，すべての教員養成プログラムは，教職課程と密接に関連づけ，効果的な授業のモデルとなり，コーチできる熟達したベテランから学ぶことができる，きちんとスーパーヴァイズを受けられる実習の機会を提供しなければならない。
・プログラムは教師が幅広い分野にわたる指導方略とさまざまな目的やニーズに合うように，いつその方略を使用するかの理解の発達を援助すべきである。
・プログラムは教師が効率的なルーティンを使用しつつ，そのルーティンだけでは十分ではないときに新たな方略を展開できる，**適応的熟達者**となるのを援助すべきである。

第3章
教員養成への示唆

　最近まで，伝統的な教員養成は，あまりにも理論に偏り，実践との結びつきがほとんどなく，教職課程の各コースはバラバラでまとまりがなく，教授者の間に明確に共有された理念がない，としばしば批判されてきた。大部分が互いに関連のないコースの寄せ集めで，教えること・学ぶことについての共通理念のないプログラムは，新任教師たちの実践に影響を及ぼすには貧弱であることがわかってきた。これはいくつかの代替研修ルートにも当てはまる事態であり，教師教育にとって重要な内容を短時間しか教えず，授業と実習がバラバラで，指導に欠け，教師志望者にとってほとんど支援にならない。

　1980年代後半から，教師教育の改革が始まり，良い教育とはどういう教育かについての首尾一貫したヴィジョンを重視した，より統合的で一貫性のあるプログラムがデザインされるようになってきた。これらのプログラムは，伝統的プログラムだけでなく大学卒業後の代替モデルもあり，実際に生徒に教えることをコースに織り交ぜたり，教室での実践をカリキュラムに取り入れたりすることによって，教科内容と教育方法のコースの間により強い結びつきを持たせ，公式のコースと実地の経験とを

つなげている。こういう養成プログラムは，教師たちに，特定の技術を発揮するという以上のことをすべきであると教える。すなわち，教師が教育学的に考え，ジレンマを通して推論し，問題を調べ，さまざまな学習者集団に適したカリキュラムを開発するために生徒の学習について分析するしかたを学ぶのを助けるのである。このようなプログラムは，一貫性がなく理論と実践をつなげるよう意図されていない他のプログラムよりも，新任教師の理解・実践・有効性により大きな影響を及ぼすことが，諸研究によって明らかにされている。

プログラムのなかには，同僚よりもずっと良く教職への準備ができていると感じると報告したり，教職に就いた第1日目から教室で能力をよく発揮するので，そのような候補者を捜していたと言って雇用者から高く評価される卒業生を輩出したプログラムもある。そのようなプログラムには，以下のような多くの共通する特徴がある。

- 発達，学習，教科教育，評価についての知識に基礎を置いた共通の核となるカリキュラムが，実践的文脈のなかで教えられる
- 適切に定義された実践基準と遂行基準に沿って，コースと実習がデザインされ，評価されている
- 長期の実習経験（少なくとも3週間）がコースに組み込まれ，綿密に指導される
- 大学と学校に強い結びつきがあり，両者は良い教育とは何かの基準を共有しており，それがコースと実習を通じて一

貫している
・事例研究の手法や，教師研究，パフォーマンス評価，ポートフォリオ診断などを用いて，教師の学びを教室実践と結びつけている[1]

　生徒たちの学習を自信を持って援助する新任教師を生み出している強力な代替研修プログラムも，これらの特徴の多くを共有している。もっとも成功している代替研修プログラムには以下のような特徴があることを，研究が示している。

・高い入学基準を設けている
・教科教育や，学級経営，カリキュラム，さまざまな生徒との活動についての充実した教育訓練を行っている
・綿密に選ばれ十分に訓練を受けたスタッフによる集中的なメンタリングとスーパーヴィジョンを与えている
・教師志望者に，優れた教育と良い実践の手本を見せる
・仲間たちとの間に強力な関係を発展させる
・教師志望者が公式に教師として完全な責任を負うのに先だって，授業計画と学習指導について，十分な指導のもとで実践的な訓練を与える
・高い卒業基準を設けている[2]

　これらのプログラムは，新任教師が以下のようなコミュニティにおいてもっとも良く学ぶということを示す研究と一致している。すなわち，新任教師が実践するときの**ヴィジョン**，教

えること，学ぶこと，生徒についての**知識**，それらの知識をどう使うかの**姿勢**，彼らの意向と信念に従って行動することを可能とする**実践**，そして，彼らの努力を支える**ツール**を発展させることができるようなコミュニティである。教えることを学ぶためのこの枠組みが，図3.1に示されている。この図が，先の図1.1に示された，すべての生徒に対してうまくいくために求められる教師の知識と技能を反映していることは言うまで

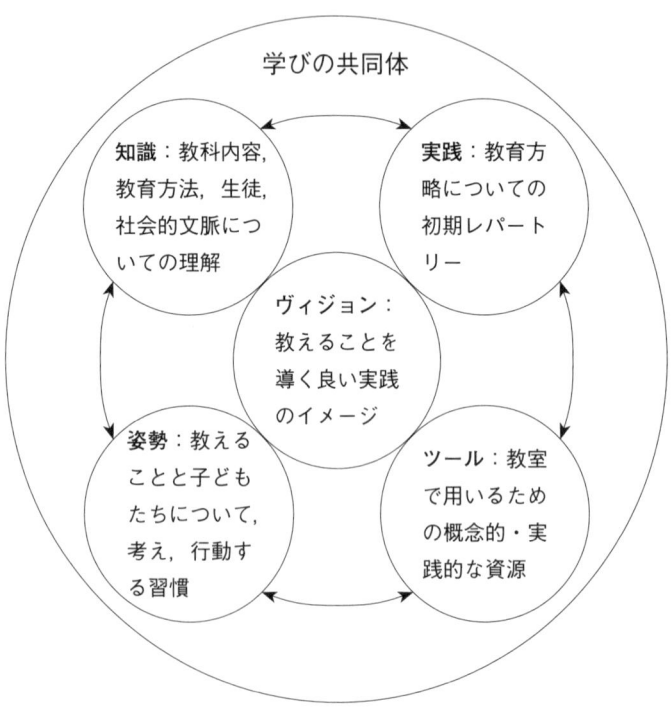

```
                    学びの共同体

    知識：教科内容，           実践：教育方
    教育方法，生徒，          略についての
    社会的文脈につ            初期レパート
    いての理解               リー

              ヴィジョン：
              教えることを
              導く良い実践
              のイメージ

    姿勢：教える             ツール：教室
    ことと子ども             で用いるため
    たちについて，           の概念的・実
    考え，行動す             践的な資源
    る習慣
```

図3.1　教えることを学ぶ枠組み

もないであろう。

　カリキュラムの**ヴィジョン**には，自分たちがどこへ向かっていて，そこへ生徒たちをどうやって導こうとしているかについての教師の自覚が含まれる。現場実践やビデオによる優れた実践のイメージや，良い実践についての研究は，新任教師が自分の仕事を振り返り，自分の実践を導き，将来の学びを方向づける助けとなりうる。このようなヴィジョンは，重要な価値と目標を具体的な教室実践とつなぎ，教師が自らの教育と生徒の学習を発展させ評価するための土台となる。

　教科と，その教科をいかにして他者に理解可能なものにするかについての教師の**知識**は，教科内容と学習過程の両方の理解にかかっている。教師は，その教科についての豊かで首尾一貫した概念図を持ち，異なる社会的文脈のなかでいかにして知識が発展し正当なものとなるのかについて理解し，なぜその教科が重要なのかを認識し，そして，その教科の知識を他者に伝える方法について理解している必要がある。それには，学習者と彼らの発達についての理解が必要である。

　彼らが知っていることを実践に移すために，教師は教室で使う**ツール**を発達させる必要がある。**概念的ツール**には，学習理論や教育についての概念（発達の最近接領域や文化に適合した教育のような概念）が含まれ，**実践的ツール**としては教科書や評価手段，カリキュラムガイドや教材などがある。このようなツールは，教師がより効果的に仕事をする助けとなる。

　これらの理解やツールは，教室で使うために一連の**実践**に統合される必要がある。実践では，概念を説明したり，討論をし

たり，実験をデザインしたり，シミュレーションを開発したり，ディベートを計画したり，作文の添削指導をしたり，というような教育活動も含まれる。また，単元案と毎日の授業を計画・実施したり，評価をしたり，建設的で明確なフィードバックを返すなどの活動も含まれる。新任教師は，これらの方略の内容だけでなく，どの方法をいつ，どこで，どのように，なぜ使うのかについても学ばねばならない。

　ツールや実践に結びついた知識に加えて，教師は，一連の**姿勢**を発達させる必要がある。言い換えれば，教えることや子どもたちについて，そして教師の役割について，考え行動する習慣である。この習慣には，実践を省みて実践から学ぶ姿勢や，子どもたちの学習に喜んで責任を持とうとする態度，子どもたちがうまくいくまで一緒に活動することへの決意と粘り強さ，生徒により良い効果をもたらす新たな教え方を探求し続ける意志が含まれる。

　最後に，教えることについての学びは，養成コースの講師とともに働く熟達した教師たちのような，専門的な**コミュニティ**の中でもっとも生産的に起こる。規範と実践を共有する教師集団は，学びにとりわけ強力な影響を与える。現場実践と研修教育全体にわたって知識が集約され共通の目的があるときに，特にそうである。これは，教員養成プログラムが——伝統的プログラムであれ，代替プログラムであれ——学校との強力な協働関係を発達させ，ベテラン教師とトレーニング中の教師が実践の基準を共有し，協力してそれを実行する必要があることを意味している。

つまり，現在の研究が示唆しているように，教えることについての学びは，未来の教師が，それを用いる文脈のなかでその内容に出会うときにもっともよく発達するのである。教師は，学習や発達，教科についての理論について十分学びながら，それと同時に，**教材とツールを用いて実際に教え**，教育計画を立て，生徒の学習を吟味する教育文化に参加するなかでこそ大いに得るものがあるのである。また，彼らは授業を観察したり，熟達した教師とともに活動したり，彼らが学んでいることを使って生徒とともに活動したり，というように実践に参加することが大いに役立つ。そして，この学びは，熟達した教師集団や他の教育実習生，他の教育者など，幅広い**専門家コミュニティ**のなかに埋め込まれることで強化される。

実りある教育方法

　教師教育に関する教育方法研究はまだ初期の発展段階にあるが，研究者たちは，すべての子どもたちの学びを保証するのに欠かせない教職の専門的知識を教師が発達させるのに役立つ実践についての証拠を集積してきている。通常の教育ツール——入念に選ばれた読本や教材，良く工夫された授業，特定の技法の説明や実演など——に加え，多くの教育方法が，教えることを学ぶという終わりのない課題に応じて現れてきている。その多くが，特に実践の中での学びに焦点を当て，直接的な指導と探究によって，初心者が理論と実践をつなげるのを助けるとい

う専門的課題を援助するために開発されてきた。

　認知心理学者たちは,「よく考えられた実践」——はっきりした目的意識のもとに特定の種類の活動をリハーサルした上で行う——が, 専門技術の発達には特に重要であることを見出している。効果的な教員養成プログラムは, 教室という舞台で特定の方略を実践したりツールを使ったりする構造化された機会を提供する。さらに, 効果的なプログラムを行なう教師教育者は, 講義で学んだことを教室実践における現実の問題と結びつけるのに役立つよう, 生徒の活動例や, 教室での作品, 授業と学習のビデオ, 授業例などを用いる。

　これらの教育は, どれもこれだけで万全というものではない。それぞれが特有の強さと限界を持っており, どれも豊かにも不完全にも実行されうるものである。しかし, これらの方略を組み合わせることによって, 新任教師の学びが大いに高められる可能性があるだろう。

教育実習とインターンシップ

　おそらく, 教師教育においてもっとも広く行われているのは, 指導助言を受けながらの教育実習だろう。教育実習は, 教師の学びに多大の効果をもたらすと長く認められてきた。ある種の実地訓練の経験はインターンシップとも呼ばれ, トレーニング中の教師が直接に教育の責任を負うが, 密接なスーパーヴィジョンのもとで指示を受けながら実践するものを通常いう。しかし, 教育実習やインターンシップの経験は, 同一プログラム

内でも,プログラム間でも,どのように協力教師に参加してもらうか,新人教師と受け入れ教師がどんな期待を持っているかによって,大きく異なる。期間も8週間以下から30週間以上までの差があり,手本や指導の範囲と質も,最小限のものから高度なものまで異なり,望ましいとされる実践も明瞭に定義されているものから曖昧なものまである。メンタリングもまたずいぶんと異なっており,新任教師が,計画や指導,模擬授業から実際の授業まで毎日監督されて実践をする場合もあれば,実践で生み出そうとしているもののモデルを見るチャンスがまったくない場合もある。

　教育実習の方略が異なれば,それぞれ得るものも限界も違っている。たとえば,多様な環境で教育実践ができるなら,実習生に,文脈によって選択する方略とその用い方がどう異なってくるかを考えさせることになるだろう。同時に,あちらこちらに短期間配置されれば,生徒集団を理解したり,一定の実践を深める機会を減らしてしまうし,以前の出来事が今教室で起こっていることにどのように影響を与えるのかを学ぶことも難しくなってしまう。短期の配置はまた,学校に負担をかけ,より長期間を過ごした実習生(たとえば1学期または1年まるまる過ごす実習生)がもたらしうるような埋め合わせとなる利益もない。したがって,実習配置をするにあたって強力な協力関係を維持するのをより困難にすることがある。こういうトレードオフに正しい唯一の答えというものはない。重要なことは,未来の教師の実際の授業経験が,**どのようなものであるべきか**,それを**どのように**カリキュラムに結びつけるか,ということの

熟慮に立って構成されることである。そうすることによって，プログラムの与える経験をもっとも効果的なものにすることができるのである。

うまくいく実地トレーニングの経験は，以下のような特徴を持つ。

・目標の明解さ。発達させる技能レベルや実践レベルを導く基準の使用も含まれる
・より熟達した教師が彼らの思考を可視化させることによってすぐれた実践の見本を示す
・連続的で形成的なフィードバックとコーチングを受けられる実践の機会を多くもつ
・教室での活動を大学のコースに結びつける機会を多くもつ
・教室で教えることのすべての局面に対して段階的に責任を増やしていく
・改善する眼で実践を省みるための体系的な機会がある

最初の実地活動の間に与えられる支援は，新任教師が彼らの経験と，そこから学んだことを意味あるものにできるようにする上で，決定的に重要である。効果的な学習は，「プールに投げこめば泳げるようになるだろう」というようなやり方からは通常生じないことが，研究から示されている。新任教師が，必要なモデルや指導やフィードバックを受けるためには，専門的な指導と同僚の支援が重要なのである。従来より早くからの実習経験とより長い教育実習を教育課程に統合した教員養成プロ

グラムは——実習における教育ヴィジョンが養成コースで教えられる実践と整合的である場合には特に——教師の実践や自信,有効性,教職への長期的な参加に違いをもたらすことが見出されている。

より効果的な実地学習を促進する環境は,確かな研究に基づいた最先端の実践を用い,カリキュラムと指導法を共同で開発し,同僚どうしで互いの実践を吟味し,用いているアプローチの効果について継続的に研究しながら共に働いている教師チームであるという特徴を持つ。学区と大学が共同でこのような環境を作り出し,質の高い代替研修プログラムを行っているところもある。そうした代替研修プログラムで教師志望者たちは,高い学業成果をあげている学校において,授業計画を援助し,指導を与え,生じた問題に対処できる熟練の指導者や同僚チームの指導のもとで,ベテラン教師のクラスで助手をしながら教育実践することから始めて,自立した教育へと注意深く徐々に移行しながら学んでゆく[3]。

この他にも,学校と大学が連携して,実習生のトレーニングとベテラン教師の継続的な発達のために,専門性開発学校が作られているところもある。うまくいっているところでは,これらの専門性開発学校は医学における付属病院のような機能を果たしている。付属病院では,研究,発達,訓練を通して職業全体の実践を改善する。高度に発達した専門性開発学校についての研究から,そのようなプログラムで長期の教育実習を経験した教師が,より多くの知識を持ち,教えることへの準備がよりよくできていると感じており,指導教諭からも他の新任教師よ

り良く準備できていると見られていることが見出されている。これらの学校で働いているベテラン教師は、専門性の発達や研究、彼らの仕事の一部であるメンタリングの結果として、カリキュラムや学習指導が改善されたことを報告しており、また多分野で学生の成績が上がったのは、学校が大学と協力して行った介入に直接結びついているとする研究もある[4]。

ティーチング・ポートフォリオとパフォーマンス課題

実地経験は実践の機会を与えるけれども、それらは計画性のない機会であることも多い。教える上でのしかるべき種類の問題に出会ったり、特定の技術を発達させ実践する機会を必ずしも保証しない。教育実習生が特定の実践を行い、その効果も合わせてその実践を分析する機会を提供するのに、より構造的なパフォーマンス課題を用いることができる。

いくつかの教員養成プログラムは、教師志願者に求める特定のパフォーマンス課題（たとえば、授業を計画・実行する、講義を行う、討論を組織する、カリキュラム単元をまるごと教えるなど）を開発し、研修課程や評価を体系化している。時には、一定の遂行基準に到達するまで繰り返しこれらの課題が提示され、評価される場合もある。さらに、教員免許や上級職の認定には、教師が教室で関わらなければならない特定の課題について熟達していることを実地に示すことを求めるパフォーマンス的要素も含むようになってきている。

これらの評価は、一般に、より大きなティーチング・ポート

フォリオの一部である。ティーチング・ポートフォリオとは，授業案や宿題や生徒の学習活動のサンプル，教えている教師のビデオなど，教師の仕事に関わる活動や材料の集合である。ポートフォリオは，教師志望者が，教師になるのに必要な教育実践の熟達水準を証明するプロセスの一部として，多くの実習プログラムや質の高いいくつかの代替研修プログラムにおいて用いられている。授業ツールとしてのポートフォリオは，教師志望者に，教授・学習の過程と結果を綿密に検討し分析する機会を与える。実際の教室の資料を用いることで，教育実習生と教師教育者とが，全員がアクセス可能な「共通テキスト」について一緒に検討し分析することができる。共通テキストの考えは，授業ビデオの分析，生徒の活動例の分析，ポートフォリオや実践の評価記録の分析を結びつける鍵概念である。典型的に，教師教育者は学生に，**他の教師**が生み出したテキストと**彼ら自身**の教材によるテキストの両方を検討させ，新任教師として発展させている実践についての対話や，多面的なフィードバックを生み出す。共通テキストはまた，すぐれた授業と質のよい学習とはどういうものかについての共通言語を発達させるのにも役立つ。

　新任教師の能力を評価するのに使われるいくつかのポートフォリオは，教育実習生が単元をデザインし，その単元の一連の授業を行い，評価計画を作り，生徒の学習例を分析し，教えた結果を顧みて，授業計画を修正するというものである。教師はそのようなポートフォリオを完結させて採点することからたくさんのことを学ぶ，ということが研究により示されている。

その理由の一部は，そのポートフォリオを評価するために用いられる内容特定的な専門性基準にのっとって教師が振り返ることに焦点が当てられているからである。教えることと学ぶことについての共有された基準に照らして教育実践を再検討し，修正し，議論するのは，仕事の基盤を与え，焦点を定めるのに役立つ。さらに，その基準は，実践を測定する公的基準としての役目を果たす。

　明確な基準に沿って構成されたポートフォリオは，教師が彼らの教えと学びを記録・記述し，何をどのように，なぜ教えるのかについて省みるための構造化された機会を提供することによって，教えることについての概念枠組みの発達を支え，理論的な学びを教室実践へと結びつけ，教師が彼らの実践を分析して洗練するのを助けるのである。

教えることと学ぶことの分析

　実践のなかで実践から学ぶことは，教育実習生を教室に入れることによってのみ成し遂げられるのではない。授業計画や教室のビデオテープ，活動例を教師集団が特定のアイデアや実践に焦点を当てて分析し，体系的に研究した戦略的な実践記録によっても可能である。

　ポートフォリオで推奨される教授・学習の検討に加え，熟練教師の仕事を綿密に研究するため，ビデオテープやマルチメディアの手段を開発している教育学者もいる。たとえば，ミシガン大学のデボラ・ボールと同僚たちによってハイパー・メ

ディア・システム化された広範囲にわたる数学教育のビデオテープとそれに関連した生徒の活動と教師の計画，カーネギー財団の知識メディア研究所（Knowledge Media Lab）の，教室での方略と探究を軸にしてウェブから収集された教材を用いた熟練教師の教育実践の記録，第3次国際数学・科学研究（Third International Mathematics and Science Study）の一環として，ジェームズ・スティグラーとハロルド・スティーブンソンによって作成された学習指導のビデオテープと分析，などがある。授業を記録したこのような努力は，教師教育者が学生と一緒に考察し，再検討し，分析するためにアクセスできる，豊かな教材となっている。

これらの方法で授業で作られたもの（アーティファクト）を分析することには，少なくとも以下の3つの利点がある。

・生徒の学業達成だけでなく，実践と推論を互いに共有しているベテラン教師たちの仕事を研究することにより，新任教師が教室の複雑さについて考える機会となる。
・新任教師と教師教育者が，教えることについての共通理解と共通言語を発達させる助けとなりうる。
・新任教師が実際の実践教材を使いながら，省み，再検討することを可能にする（教室で実際に授業しながら観察するのは不可能である）。

さらに重要なことに，このような材料は学習分析を支え，教えることと学ぶこととのつながりを強化することができる。生

徒の活動例やその他の学業の証拠（生徒が問題に取り組んでいるビデオや集積されたテスト成績のデータ）を用いて学習分析することによって，教え，学ぶプロセスのなかで起こる非常に多くの問題に焦点を当てることができる。それは，生徒が関わるときの困難，生徒理解，評価から，教科のカリキュラムにどう枠組みを与えるかの問題にまでわたる。教え学んでいる様子のビデオを用いることについての研究では，教師グループがこの種の材料を繰り返し分析してゆくと，彼らの分析と会話の焦点が，教師自身と教師がしていることから，生徒の思考および学習，そしていかにそれを支えるかにしだいに移っていくことが示されている。

事例研究

　法学や医学，ビジネスなど他の専門職の場合と同様に，事例を読んだり書いたりすることは，未来の教師たちが理論と実践の間に橋を架け，省み綿密に分析する技術を発達させる助けとなる。事例は，特定の状況から学んだことと，教授・学習についてのより一般的な理論から学んだこととの間に橋を架けて，実際に教室でジレンマに直面したときにその解決を探求することを可能にする。

　典型的に，事例とは，教えること・学ぶことにおけるジレンマについての詳細報告であり，注意深く状況を記述し，教室の状況の結果についての証拠やデータを共有するためのものである。教育実習生は，教員養成プログラムで事例を読んで分析し，

ジレンマを認識し推論し，問題に対処する方略を提案することができる。学生はまた事例を書いて，彼らの経験を表現することを学びながら，理論のレンズを通してそれらを分析することができるし，彼らや他の人が，その例から学ぶこともできる。事例の持つ視点は多様でありえる。教科に焦点を当て，生徒の内容習得を助けるためにどのような授業をデザインしたらよいかを探ったり，生徒に焦点を当て，学習と発達の証拠を観察し分析する教師の能力を発達させたり，他にも状況や文化に焦点を当て，さまざまな背景や共同体から来ている生徒たちを教える準備に役立てる，などの視点がある。

子どもについての事例研究は人間発達のコースで取り上げられるが，教師は，生徒の学習や発達的進歩，特別のニーズ，学校や家庭，背景となる共同体の影響などをより良く理解するために，インタビューや観察を通してデータを集め，分析する。カリキュラムと教育についての事例分析は，教師の意図と生徒の学習の関係を見直し，教えることがそれらをどのように仲立ちするかを再検討するために，学習指導の発達と，特定の概念やアイデアを教えるときのジレンマに焦点が当てられる。ジレンマの事例は，長期の教育的取り組み——たとえば道徳的なジレンマや，対人関係の困難，文化的差異など——を例示したり，教師がこれらの問題を熟考し，問題解決したり分析したりするのにしばしば用いられる。

事例をうまく使って教えると，学習への多様な影響をより体系的にとらえられ，特定の実践とその結果に理論がどのように関わっているかを理解することにより，教師の推論技能を発達

させ，より熟達した生徒中心の思考へと向かう助けになることが，研究から見出されている。しかしながら，事例研究法のすべてがこういう結果をもたらすわけではない。次のような指摘をする研究者もいる。「洞察力を高め，考察に他の視点をもたらし，理論と実践に橋を架けるような学びの機会がなければ，事例は面白くはあっても，結局は特異的ないしは定型的な教育の視点を強化する，教育的でもなんでもない授業物語になってしまう。」[5]

　事例を読んだり書いたりするとき理解を深めるのに役立つ指導としては，次のようなことがある。

- 教室での出来事と，教授・学習の原理についての議論や読書とのつながり
- 生徒の思考と学習についてのデータの集め方と分析のしかたに関する手引き
- 何が学習に影響を与えるかについての教師志望者の解釈への，明確で具体的なフィードバック。それは発達原理や学習理論，授業方略，生徒要因や状況変数への注意を喚起し，学習がどのように起こるかについての教師志望者の説明が研究に基づいたものになるよう保証する

探究とアクションリサーチ

　教育のキャリアのなかで教えることから学ぶ教師を養成するためには，体系的で目的的な探究と批判的に省みる技能と実践

を発達させるツールが求められる。多くの教師教育者は、教育実習生に教室や学校で体系的に研究をさせることによってこれらの能力を発達させている。このような経験は、実践の複雑さに対処するだけでなく、教えることについてあらかじめ持っている概念のいくつかの限界を克服するのにも役立つ。

実践者の探究のプロセスには、以下のような、研究あるいは探究プロセスのすべての局面が含まれる。

・こだわりのもてる関心のある問いを取り出す（これらは、学校教育や社会についてのより広い問題だけでなく、教えること・学ぶことの特定の問題に焦点を当てているかもしれない）
・それらの問いを、さまざまなデータを通して追究する（子どもの観察や、教室その他の観察に基づくフィールドノーツ、子どもや保護者や他の教師へのインタビュー、学習成果の分析、文献研究などを含む）
・書かれた記録（雑誌記事や研究メモ）や、同僚、指導者、熟練教師との議論を通して、その問いを吟味する

実践者が行った研究から、教師がデータ収集と観察の重要な技能に加えて、省み、分析する習慣を発達させていることが支持されている。それはまた、教師が実践を調整するために仮説を検証するツールを与えると同時に、生徒を注意深く見、教室でうまくいっていると思われること、うまくいっていないように見えるものを一定の基準に従って評価する方法を学ぶ上でも、

第3章 教員養成への示唆

教師の助けとなる。最後に,この種の探究は,その過程で知識の新分野に直面したとき,さらに学んでいこうという気持ちをしばしば起こさせるのである。

まとめ

　教師教育についての教育方法——教育実習,学業評価とポートフォリオ,教授・学習の分析,事例研究,実践者による探究——は,教師が,実践**のなかで**実践**から学ぶ**教師の能力を支えることを目指している。それぞれのアプローチは,異なった方法でヴィジョンや知識,ツール,実践,および,実践を省み分析する新任教師の姿勢を作り上げるのを助ける。これらの教育方法間の相互関係もまた重要である。これらの教育方法は,互いに補いあうときにもっとも効果的に働くだろう——そして,事例研究のような方法はプログラムの初期に特に有効であろうし,教室調査のような他の方法は,教育実習生が,自分の学校教育経験を批判的に吟味する機会を持った後で,もっとも役立つだろう。重要なことだが,これらの教育方法は,伝統的な教師教育ルートか代替ルートかにかかわらず,新任教師の発達に用いることができる。

　もちろん,これらの教師教育のアプローチは,教師が伝える内容があってはじめて有効になる。教師志望者は,抽象的に(理論上で)省みても力量・技能を高めることはできない。彼らが発達させている判断力や分析力の土台を提供する,堅固な

知識が必要である。教師教育にとってふさわしい内容を，生き生きとした有効なかたちでまとめあげるためには，すべての構成要素を同時に考慮して準備する必要がある。すなわち，各コースが首尾一貫していて，互いが互いの上に立って形成されるようにし，重要な概念は「説明すること」によってだけでなく，真剣に吟味し繰り返し応用することによって教えられ，しかも，重要な構成概念を学ぶことと実際に行ってみる機会とがしっかりとつながっていなければならない。教師教育の提供者は——大学ベースであれ，学校ベースであれ——，統合的な学びの経験を構成し，教師志望者に取り入れてもらいたい実践のモデルを見せ，すぐれた教育がどのようなもので，何によって構成されているかを反映する明確な例と基準を与え，教師志望者の学びを注意深く評価し，継続的で集中的なフィードバックを与えて，彼らが実践を研ぎすますのを助けなければならない。専門的な教師教育は，時間がかかり，努力を要し，支えが必要である——そして，その成功は，支持的な政策的環境の如何にかかっている。

教員養成への示唆——要点

伝統的か代替コースかを問わず，効果的な教員養成プログラムには次のような共通点がある。

・強力で，綿密に順序立てられた，一貫性のあるカリキュラ

ムを提供する。そしてそれは、学習と発達、カリキュラム、教授、評価についての知識に基づいている。
・教師が、実践のヴィジョンを発達させられるようにし、それが教授や学習、子どもについての**知識**や**姿勢**と結びついている。そして、教室において彼らの意志と信念を具体的な**ツール**を通して実行できるようにする。
・綿密な指導のもとで幅広い実地トレーニングを提供する。そこでは、学習についてのいろいろな概念と特定の方略とが整合的につなげられ、新任教師が責任を段階的に担っていくことができる。
・教師志望者に専門的共同体の中でしっかりと統合された学習を保証する。そこでは、効果的な実践のモデルが示され、明確な例と基準が与えられ、継続的に評価され、集中的で継続的なフィードバックが与えられる。
・授業のビデオ事例や教授・学習の分析、教師自身の探究や、学習を教室実践に関係づけるパフォーマンス評価などを含む事例研究法を用いる。

第4章
政策への提言

　今日，子どもにとってふさわしい適格な教師を保証するのにわれわれの知見が必要とされているにもかかわらず，多くの州は未だに——伝統的な大学でも教室への代替ルートでも——実にまちまちの養成教育を許し，専門職となる基準が緩いため，何千人もの人がただがむしゃらに挑戦し，失敗し，短期間で辞めていく。また別の何千もの人が，教師になりそのまま留まりはするが，「高い質」は言うにおよばず，いささかなりと効果的であるために必要な知識や技能さえも習得することがない。その上，新任教師がひとたび教室に入ると，より経験豊富なベテランの同僚から孤立していて，「いきなりプールに飛び込ませる」ような状態に放置され，最近の政策言説がすべての生徒に必要だとする，質の高い教師への発達を確実なものにする有意義な支援がないままであることがあまりにも多い。

　少なくとも30％の新任教師が，5年以内に教職を辞めており，学校に大きな教育的・経済的損失を招いている。教師は，教職2年目以降に有意に効果的に指導できるようになるだけでなく[1]，教師の初期辞職は高くつくのである。辞めた新任教師を補充するための費用は，平均で新人1人当たり少なくとも

8000ドルかかり[2]，それは教室への直接投資にもっと有効に使うことができたのである。教員の高い辞職率は，しばしば，安い給料と劣悪な職業条件に加え，不十分な準備と初期の支援の関数であることが，研究により確認されている。支持的な教育実習を経験し，学習理論や子どもの発達についてのコースを履修した新任教師は，教員養成のためのこれらの重要な基本要素を履修しなかった人の2倍以上長く教職に留まる可能性が高い[3]。そして，運良く教職の初期に効果的な指導と支援を十分に経験した人が辞める割合は，自分で学ぶしかない放置された人よりもかなり低い。

　たしかに，教師の補充や養成教育に歴史的につきまとってきたさまざまな問題——優れた学生を補充する困難や，教員養成プログラムへの少ない予算，教育学部と文系理系の学部との協働の欠如，そして未来の教師たちが教室で成功するのに必要な教科の知識や教育方法の知識，実地経験などを獲得するための十分な時間がないことなど——があるにもかかわらず，大学と学区は何千人もの有能な教師を生み出してきた。しかし，伝統的プログラム，代替プログラムいずれにおいても，良い教員養成を受けられるチャンスは，ほとんど偶然と言っていい。運が悪ければ，きちんとしたシステムのない現在，準備の乏しい教師や準備のない教師が，大勢の低所得者層や「マイノリティ」の生徒をあずかる学校に大量に雇われることになる。これらの学校はまさに，もし本当に1人も「落ちこぼれ」を生まず，世界経済のなかで競争し，教育を受けた市民による民主主義に参加するための優れた教育の機会をすべての子どもに保証するつ

もりなら，最良の教師が必要とされているのである。

アメリカの教育の質は，教師の質が結果に重要な違いをもたらすという証拠に結びつけて問われてきた。そして，教員養成や資格，免許をより厳しくするさまざまな改革が推し進められてきた。これらの改革によって，教員養成の質が著しく改善された地域もある。しかし，最近の改革の結果は，それ程直線的ではない。大量の政策が，時に正反対の方向に機能した。たとえば，それぞれの州が個々別々に基準を高めようとした結果，州ごとにテストへの要求が異なることとなり，各州間の相互関係を減少させてしまった。余剰な教員のいる州で訓練された教師が，教員不足の州で教えるのを難しくした。そして，教師教育の水準を高めたことは，多くの州において，2つの教職勢力を生み出した。すなわち，より高い水準を満たしている少数の教師志望者と，州の試験を通過できなかったり，準備条件を満たせなかったりして裏口ルートを通り，臨時免許をとって教職に就く教師群である。後者がますます増えている。

1910年，エイブラハム・フレクスナーがアメリカ合衆国における医学教育の状態について歴史的な報告を出版したとき，医学部が同じ状態にあった。その当時の医学部のプログラムは，3週間から3年までの幅があり，彼らが接する知識の範囲と性質は劇的に異なっていた。彼の報告の序文で，カーネギー教育推進財団（Carnegie Foundation for the Advancement of Teaching）の会長ヘンリー・プリチェットは，医科学が進展しているにもかかわらず，医者の受ける医学訓練が非常に不均衡であるために，ほとんどの医者がこの知識に接していない，と指摘

している。彼は，多くの医者が正式な教育を受けていないこと，多くの大学が医学教育における進歩をカリキュラムに組み入れるのに失敗していること，この２つの事実にこの問題を帰している。この報告書以前の数十年間にできた医学部では，履修コースが臨床活動と分離されていることが多く，カリキュラムはしばしば断片的で，表面的で，講義によるものであった——教育学部が，20世紀後半における教師教育の義務を負って以来，同じ種類の嘆きが教育学部につきまとっている。

その結果として広範囲にわたる医学教育改革がなされ，専門家としての医学訓練のための基準が設けられた——それは，現れつつあった医科学と当時の強力なプログラムの最良の実践から引き出された——そして，これらの研究や実践を，専門プログラムの認定基準と医学志望者の免許および証明基準に取り入れ，医師志望者は，免許をとったり認定試験を受けたりするためには，専門家養成コースとして認定されたプログラムを卒業しなければならなくなった。医学教育はその大部分が，ジョンズ・ホプキンス大学で開発されたカリキュラムに基づいて作り上げられた。そこでは，医科学の履修科目と，新たに考案された付属病院での臨床科目の両方が含められた。設置基準を設けるという同様の過程が，その後，20世紀に専門職となった，法学・工学・看護学・心理学・会計学・建築学など他の領域でも続いた。

同様のしかたで，ここ20年あまり，教育専門職は，専門的な実践のための知識基盤を体系化し，実践家の仕事についての基準の確立に努めてきた。その基準作りには，全米教職専門職基

準委員会（the National Board for Professional Teaching Standards），州際新任教員評価支援協議会（the Interstate New Teacher Assessment and Support Consortium, INTASC），研究者や教科領域訓練のメンバーからなる専門家団体が関わっている。これは，生徒の学習とそれを支える教育実践についてのわれわれの理解が，非常に大きく進歩したことによって可能になった。これらの団体による諸基準は，あまり効果的でない実践とより効果的な実践とを識別する。たとえば，いくつかの研究が明らかにしているように，この基準を満たし，全米委員会認定資格（National Board Certification）に認定された教師は，これらの基準を満たしていない教師よりも，生徒の学習面でより効果的な進歩を生み出している[4]。

　それにもかかわらず，近年，教員養成を取り巻く政策議論は，教科内容を知ること以上に養成課程で教えることはほとんどないと主張したり，教員養成の規制廃止や免許の廃止を求めたりする主張者の一団によって，やっかいな事態になっている。これらの教員養成の反対者は，教師にはある程度の"こつ"が必要なだけで，それは仕事しながらつかめると信じているのである。彼らはまた，学部や大学における「教師教育の独占」を首尾良く維持することだけが目的の些末な要請によって，教員集団に入りたいと思っている何千もの有能な人々が排除されていると信じている。こうした見方のため，伝統的な教員養成の内容が薄められただけでなく，教壇への貧弱な代替ルートが蔓延しているという政策環境もある。

　一方で，教員養成支持者は，良い実践は教員養成を減らして

いくことによってではなく，教職を専門化することによって生まれると論じる。そして，以下の点について，より思慮深い政策を作り上げることによって良い実践が生まれると論じる。

・伝統的教員養成と代替研修の認定基準
・教職免許基準
・新任時の支援を含む，新任教師の募集と維持

これまで，意義のある認定基準と免許改革の主な障害は，教師が習得する必要のある核となるカリキュラムや，未来の教師が教員活動のために準備するにあたって出会っておくべき実地経験に関する合意の欠如であった。本書は，プログラム――伝統的プログラムも代替プログラムも――が信頼されるものとなるために提供すべき必要な知識と技能発達を決定するための基礎を提供し，厳密な免許制度の土台を形成できる，核となるカリキュラムの特徴について述べている。また，新任教師の募集と維持，および彼らの実践を適切に改善するために必要な政策についても述べている。

教員養成プログラムの開発と認定基準

先に述べたように，未来の教師たちはさまざまな母集団からやってくるし，さまざまな進路を通って教室に入る。その大多数が――新卒者であれ転職者であれ――今もなお単科大学や総

合大学に設置された教員養成プログラムを通ってくるのだが，地方や州が運営する代替研修プログラムを通って教職に就く人数も増えている。子どもたちとの活動をかなり経験している者もいれば，成人教育の教師としてかなりの経験を積んでいる者もいる。さらに，教えたい教科の深い知識を持っている者もいる。教員養成の認定基準は，前章で述べた，教職を始めるのにふさわしいと考えられる知識と技能を，すべてのプログラム卒業生にどのように保証するかを吟味することにより，この多様性に対応することができる。

　プログラムがどのように体系化され，どのような人を募集するかによって，教科の知識の発達，教育的技能の発達，現場での支援，いずれを重要視するかが異なってくる。だがいずれのプログラムも，未来の教師たちに以下のことをどのように保証するのかを明確に示すべきである。

・教科について，そしてそれを生徒にどのように教えるかについて，良く知る
・子どもたちがどのように学び，発達するのかを理解する
・自分たちの言語と文化を理解し，他の文化についてどのように学ぶかを知る
・彼らが生徒について知っていることを生徒たちが学ぶ必要のある内容へと結びつける，カリキュラムと学習活動をどのように発展させるかを知る
・多岐にわたる生徒たちに受け入れられるように特定の教科をどのように教えるかを知る

・学習水準を測定するための評価を開発し用いる方法を知る。また，その結果を，生徒の学習の必要性に向けて授業を計画するのにどのように用いるかを知る
・敬意を払いあう，目的を持った学級を生み出し，運営する方法を知る
・子どもたちの学習の必要性を見極め，計画を立てることができる
・必要に応じて授業方略の調整や，路線変更，修正を発展させることができる
・共通の見通しや，生徒の学習の共同支援を生み出すために保護者や同僚と共に活動ができる

　伝統的なプログラムであれ，代替プログラムであれ，認定されるためにはどんなプログラムも，そのプログラムで選択されている基準，履修科目内容，そのプログラムが用いている教育方法を組み合わせることで，教員志望者たちがその内容を習得し，本書で確認してきた効果的な新任教師を生み出すのに必要な経験をすることを保証している，ということを明確にするべきである。このような核となるカリキュラムや，豊かで良く指導された実地経験ができないプログラムは，運営を認められるべきではない。さらに，認定基準には，プログラムによってトレーニングされた教師が教職に就き，その仕事を続ける割合を考慮すべきである。選考とトレーニングの過程において，相当数が新任教師となって教職を続けるのに成功していないプログラムを支援するのは無駄である。それは，教育を職としそうに

ない人々のために，実地訓練に使えるはずの限られた予算を使うことになり，教員志望者が受けられる教員養成の全体的な質を落とすことになる。

　上記を保証するために，どんな政策を展開することができるだろうか？

・代替プログラムにしろそうでないにしろ，教員養成プログラムが首尾一貫したものであるかどうかを決定する組織の認定プロセスを保証するため，連邦政府は組織に認定権を与えるプロセスを注意深く吟味することができる。認定される教員養成プログラムは，生徒の学習に応じる教育ヴィジョンの開発を含み，教師志望者の選考と訓練を経て，本書において確認した，知識や技能を習得した教師を生み出すのに必要な履修課程や実地経験を与えるものである。
・州は，伝統的プログラムも代替プログラムも，**すべての教員養成プログラムの認定基準を厳密に満たす**政策を実行することができる。そして，（1）厳密な認定基準を満たしていないプログラムは打ち切り，（2）認定されたプログラムを修了していない者に免許を与えることを拒否する。
・州は，すべてのプログラム——伝統的なものも代替的なもの——の志願者養成における成功をたどることのできるデータシステムを提供することができる。それによって，志願者がきちんと教えられることを評価によって証明したり，教職に就き，継続している志願者を養成できているかどうかを見ることができる。

第4章　政策への提言

・教員養成プログラムの提供機関は，ここで提案されたカリキュラム勧告に照らして現行プログラムを評価することができる。また，彼らの提供する履修課程や実地経験を強化するための方策を講じることができる。
・州および提供機関は，専門家教育プログラムのための補助率や資金提供が，看護学など他の臨床的な専門家プログラムに提供されるものに匹敵するよう保証することができる。

さらに，もっとも必要としているコミュニティに質の高いプログラムを創設できるようにする政策を展開できることが求められる。たとえば，連邦政府は医学教育と質の高い訓練の場としての付属病院を展開するために長期的支援をしてきたが，それと同じように，質の高い教員養成プログラムの発展のために，質の高い基準を定めて支援する努力をすべきである。それには，教師志望者が教師が不足している都市や貧しい地方コミュニティの多様な生徒たちとうまくいっている環境のなかで教えることを学べる，専門家の能力開発のための学校との強いリンクも含まれる。これらのプログラムは，次の3つの基準を満たしているべきである。すなわち，質の高い教員養成経験を保証すること，そのプログラムが地元の居住者にとって魅力的であること，そして教員養成から雇用へのパイプラインを確保することである。

このアプローチは，優れた教員養成プログラムの特性を多くの代替ルートのプログラムの良い点と融合させるものとなるだろう。すなわち，これらのプログラムがその地区のために資金

提供し，その地区の教師志望者に教育するので，地区は投資への利益を得，志願者たちは仕事に就けることを知っている。これまで述べてきたような構成要素を持つ質の高いプログラムがあるなら，収支バランスは明るい。そして，いくつかのプログラムは，地元住民と，すでに知識があってそのコミュニティにコミットしている準専門家を対象としている。質の高い基準を満たすプログラムや，地元の志願者を教員養成から雇用へとつなげるように支援するプログラムを創設したり発展させたりしている地方都市の大学や地区に連邦政府が助成して，そのような機会を促進できる。これに似ているものに，都市コミュニティの保健衛生士を養成するための特別プログラムの創設と，実地訓練を支援するためのコミュニティの保健衛生センター設立のための一連の連邦プログラムがある[5]。

教員免許改革

　免許を与えることは，教師を含む専門家メンバーが能力を有すると認める法的手続きである。それは，最低限，信頼できる実践の基準を満たしていることを示すものとされる。教職において，免許に必要とされる条件は典型的に，多少の教育経験に加えて，一定の基礎技能や一般教養能力，教授・学習についての知識，教科の知識が含まれる。多くの州で，教職志望者は教師教育を受けることを認められたり資格認定を得たりするためには，平均以上の成績か，あるいは基礎技能，一般学業能力，

または一般知識のテストで一定点以上を獲得しなければならない。さらに彼らは，特定の教職課程を履修しなければならず，教える専攻科目または副専攻科目を完了するか，科目試験に通るかのどちらか，あるいは両方でなくてはならない。

　ここ15年で多くの改革があったにもかかわらず，多くの州が未だに，教わるべき領域における一貫したプログラムや核となる不可欠の履修課題，長期の教育実習を要求していない。さらには，多くの州が免許なしで，あるいは教員養成コースを完了していなかったり，その他の免許要請事項を満たしていなかったりする臨時免許で教師を雇うことを許している。アメリカ合衆国における教員免許は依然として要求される資格に一貫性がなく，州によってまったくバラバラであり，また，多くの州では，教えることを許可された教師志望者が，本書において確認した新任教師に必要なコア・カリキュラムや経験を，習得していることはもちろん，その機会を与えられていることさえ保証されていない。

　1年生に読み・書き・計算を教えるのに必要な教職の知識が，なぜ州ごとに異なるべきなのかは想像しがたいことであるが，異なっているのである。教員免許試験は，教師が教室に入る資格を与えられるために習得しなければならない内容や質，熟達範囲の面で異なっている。たとえば，2001～02年の間，37の州が，基礎技能または一般教養能力のテストに通過することを教員志望者に求め，33の州は教科の知識を問う試験に通ることを求め，26の州は，教育方法に関する知識の試験に通ることを求めていた。これらのテストのほとんどは州ごとに異なっており，

別の州で雇ってもらうために教員養成を受けた州を離れる教師志望者は，多くの時間と経費を犠牲にして，両方の州の別個の試験一式を通過せねばならず，最初の州では求められなかった追加科目を履修しなければならない。州間を移動する教師の多くが，このような障害のために教師を辞めて他の職業へ向かうのである。

　現在の教員免許試験がバラバラであることが，教室へ入っていく教師の質に対して3つの深刻な問題を引き起こしている。

1．与えられている試験の多くは，教科や実際の教育技能について志願者が持っている深い知識ではなく，低レベルあるいは周辺的にしか関わりのない知識や技能を評価している。
2．これらの試験の合格点が時として低く設定されたり，あるいはまったく設定されていなかったりする。教員不足の州では，しばしば試験合格を雇用条件として適用せず，試験に通っていない者の雇用を認めている。
3．州ごとに一貫性がないため，教師の可動性が阻まれている。これは，教師不足の州がある一方で，多くの州が余剰教師を抱えており，とりわけ問題である。すべての地域共同体において質の高い教師を雇うには，教師が訓練を受けた場所から必要とされる場所へ，より効果的に移動できる政策が必要である。

他の専門職業では資格試験の内容を統制しているのに対して，

教員試験はたいてい，公的な専門職団体からの情報供給がほとんどないまま試験会社や州の代行機関によって作られている。実践をしている専門家からの情報供給が求められるときは，たいてい，試験の領域と項目の見直しに限られている。さらに，資格試験は，厳格さに欠けているだけでなく，教育的意思決定の複雑さに比して，教えることをあまりに単純化し，教室での手続きを強調しすぎている点についても批判されている[6]。

　教員免許の欠点の主な原因は，厳格な試験を作るにあたっての核となるカリキュラムについての合意が欠如していることである。本書は，そのような試験を開発するための基礎——全国一律に，厳格さと質の統制を保証する免許プロセスの一部として，現在用いられている全州弁護士試験と同じように，すべての州が用いることのできるもの——を提案する。

　そういう試験は，医者や弁護士や建築士の資格試験のように，教師が彼らの科目について**知っていること**やその教え方だけでなく，彼らが教室で何が**できるか**をも示すものであるべきである。たとえば，教育基準を満たすように授業を計画して実行したり，学生の要求を見定め，それを満たすような授業をデザインしたり，さまざまな効果的な授業戦略を用いたり，意味深い生産的な教室を維持したり，ということができるかどうかを示すものであるべきである。幸い，教師が教室で実際にしていることを評価する授業ビデオや教師・生徒の活動事例を用いた評価が，全米教職専門職基準委員会（the National Board for Professional Teaching Standards：熟達したベテラン教師の認定に用いられる基準）や，コネティカットのような州によって開発

され，新任教師の免許認定に用いられている。これらの評価はここで述べてきた知識ベースに基づいており，生徒の学習を生み出す上での教師の効果に深く関連していることが見出されている。

　免許制度をよりふさわしく，厳密にすることを保証するための政策は何であろうか？

・ここで示されたコア・カリキュラムをもとに，新任教師の教授技能を評価するパフォーマンスに基づいたテスト・プログラムと，厳格なパフォーマンスの評価のもとで成功している教育技能の例示を開発するために，議会は，独立した専門機関が州の専門性基準委員会や免許認定機関と協力するための資金を提供すべきである。
・州が，ここに要点を述べた知識や技能を反映する履修課程や実習の要請に加えて，これらの評価を免許認定過程に取り入れ，基準を満たしていない教師に資格を与える抜け道を封じるように，議会は奨励策を講じるべきである。

　しかし，これらの抜け道を封じるためには，すべての適切な資格を持った者の採用を促す奨励策と，教師不足のほとんどの本当の原因である新任教師の大幅な減少を止めることのできる政策を，州政府と連邦政府が持っている必要がある。

新任教師の採用と維持

 すべての教師が必要な知識や技能をそなえ,すべての生徒が質の高い教師に教わることを保証することは,教員養成プログラムの改善の問題であるだけではない。それは,雇われた教師志望者が,それらの改善されたプログラムを経験する機会を持ち,彼らが必要とされるところで教えることを選び,教職に留まり,さらにもっと熟練した教師へと成長し続けることを保証するという問題でもある。実際,教師不足の最大の原因は,(1) 学校・地区・地方にまたがる不均衡な教師の配置(教師不足の地域がある一方,余剰教師を抱えている地域がある)と,(2) 新任教師の高い離職率である。離職率は,教員志望者が受ける事前の教員養成と,教職初年度に経験する就職支援によって強く影響を受ける。

 連邦政府や州政府は,プログラムの改善に影響力を行使すると共に,教員志望者の勉学に助成金を支給することでこれらの問題を支援することができる[7]。教師教育改善のためのこれらの投資の妥当性には2つの面がある。

1. 多くの教師志望者は,一定期間,職に就かずに授業料や教育機会に支払うだけの余裕がないため,ふさわしい教員養成を受けられない。そして,これらのコストは,新任教師が教職に就いたときに負担するのは困難である。という

のも，過去の借金を後で埋め合わせるほど給料が高い見込みがないからである。ヨーロッパやアジアの多くの国が，すべての教師志望者のために教員養成プログラムの費用を負担しているのに，アメリカ合衆国では教員養成の量と質は教師に任されており，彼らが個人的に負担できることや，それぞれの養成機関の資源に応じてどんなプログラムを提供する気があり，提供することができるかに委ねられている。

2．臨時の許可で教職に就いた教師や，訓練の遅れを取り戻そうとする現職教師を養成するように強いられる機関は，しばしば彼らの提供する教員養成の質を下げている。新任教師にとっても雇い主にとっても，より思慮深く組織された履修科目と指導下での実地訓練を持つ，より一貫した支持的な経験に比べて，この種の訓練は不十分なものである[8]。

訓練中の教師にとってより良い財政援助は，彼らが受ける教員養成——伝統的なプログラムであれ代替のプログラムであれ——の質をも支えるものである。これは，連邦政府の医療人材プログラムの多くの経験を注入することによってなしうるだろう。1944年以来，連邦政府は，医療サービスを十分受けていない人々の必要性を満たし，特定分野における不足を補充し，医療専門職の多様性を増すため，医学訓練に助成している。医療分野で行われているのと同じように，連邦政府は，教員不足の現場での教員養成や，必要性の高い地域での実践を承諾した教

師に，大規模な奨学金供給や免除可能な借入金を提供するべきである。成功したノースカロライナ州のモデルのように，質の高い教員養成のための奨学金は，4年もしくはそれ以上――教室に残った教師のほとんどが以降もその職業に従事しようと決める時点――教職に留まるという要件を課すことができるだろう。いくつかの州では，このような施策に加えて，教壇への近道をしてすぐに教職を去ることになるよりも，十分準備のできた新任教師を雇える可能性を高めるため，教員養成に補助をしている。

さらに，教師が教えることを学ぶ初期の努力を支援すれば，よりいっそう教職に留まるだろう。注意深いスーパーヴァイズや指導，その他徒弟制的な見習い経験を通して新人がその職業に正式に導き入れられる他のいくつかの専門職と異なり，教師は，より熟練した教師に接することも，"本による知識"を実践に変換するという，どの新任教師も直面する困難な現実を他者と共に乗り越えるための正式な手段もないままに，教室へ送り込まれ，1人きりで放置されることが非常に多い。

教員養成プログラムを卒業すれば――それが1年であれ数年であれ――教師になるための訓練が終わったと考えることはできない。大学までの学位――教科の知識や教育学的内容の知識と実地訓練――では，教員志望者が，彼らが最初に教壇に立ったときに直面するであろう実践の問題すべて，たとえば保護者や同僚や助手その他の教育支援スタッフと効果的に働くのに必要な技能も含めて，そうした問題を解決するのに必要な技能や経験を発達させるための十分な時間が与えられていない。

それにもかかわらず，教員養成プログラムを卒業したり代替ルートのプログラムを完了すると，非常に多くの新任教師が，大規模人数のクラスやもっとも困難な生徒たちを任されたり，ほとんどの準備と任務を任され，独力で教職の複雑さを習得していかなければならない。それに対して，高度な成果をあげている学校システムを持つ他の諸国では，臨床的な現実世界のトレーニング過程——学部もしくは大学院の厳格な学問的養成教育に続くトレーニング——を通して，より経験豊富で熟達した同僚による指導のもと，教師志望者が彼らの技能を発達させ熟達させてから，教職に就かせている。

　新任教師の支援に焦点が当てられ，新任教師の必要を満たす導入プログラムが求められているにもかかわらず，現存するプログラムはかなりいろいろである。教師のなかには，導入支援として手短で基本的なオリエンテーションしか受けない者もいる。たとえば補給品が置いてある場所や手洗いの位置，校則や諸手続きがどんなものか，といった基本的内容である。他方，新任教師を指導したり手本となる教室実践をしたりするための時間を与えられた熟練教師や，新任教師が教室の困難な現実に直面しているときに，専門的実践の発達に注意深く関心を向けてくれる熟練した同僚の指導を運良く十分に経験する者もいる。効果的な導入プログラムは以下のような特徴を持っていることが，研究により示されている。

・すべての新任教師に，職場において適切なメンターが割り当てられ，その指導者から定期的にコーチを受けたり，良

い授業のモデルを見せてもらったりできる。メンターは，注意深く選別される必要があり，質の高い専門家だけがその役割を引き受けることを保証するため，指定された基準を満たしているべきである。彼らは，メンタリングについての訓練を受け，新任教師のクラスに少なくとも週1回のペースで入れるよう教職の負担を減じられており，適切な人数の新任教師を受け持たなくてはならない。

- **新任教師には教職の負担を減じる。**彼らの専門的技能を磨くために，新任教師は，他の教師が教えるところを観察し，同僚と相談し一緒に計画を立て，指導者と共に活動し，彼ら自身の授業を省みる時間と機会が必要である。
- **このプログラムは少なくとも1年続く。**新任教師導入プログラムに関して，1年から2年のプログラムが，教歴の初期に成功する教師とそうでない教師の間の違いを生み出し，また教職に留まる教師とそうでない教師の間の違いも生み出すことが，研究により明らかにされている。
- **導入過程を教授技能の適切な評価に基づいて行い，実践の注意深い吟味が導入プログラムを完成させる。**指導にあたる教師と校長は，教師の専門性基準と評価を用いて，主要な知識や技能，専門的な教師に期待される姿勢を新任教師がどのように示しているか，そのパフォーマンスを評価し導く。導入プログラムで過ごした時間が教員志望者の成功の基準であるべきではない。導入の成功には，効果的な実践についての確立された基準に基づいて，志願者の授業を総括的に評価することが求められるべきである。

すべての新任教師は，資格を得た経路に関わりなく，このような質の高い導入プログラムを受けるに値する。良質の教員導入が新任教師の経験の一部になることを保証するために，何ができるだろうか？

・連邦政府は良質の教員導入プログラムを開発するよう，州に補助金を提供することができる。多くの州やいくつかの地区がある種の導入プログラムを制定して以来，すでにこれらのニーズに焦点を合わせて資源が配分されている。しかしながら，学級内支援のために，同じ領域の熟練した指導者が配置されることを保証するプログラムは，比較的少ない。だがこれは，教員保持と教師の学びに優れた効果をもたらすのである。そのようなプログラムの一部として，モデルとなる導入プログラムを開発し，吟味し，職員条件の厳しい学校における新任教師の支援に集中して取り組む，地区や大学，その他の機関への資金提供を目的とする全州的な導入プログラムを開発する意思のある州機関に，助成金を出すこともできるはずである。
・州は，多くの州がすでに実施しているように，免許取得過程の一部として，そのようなプログラムに参加することを必要条件として組み入れることができる。たとえば，よくあるのは教員志願者はそのプログラムを完了し，そこに組み込まれた教授技能についての査定に通らなければならないというもので，さらに見習い期間が設けられている。

・州政府と連邦政府は，研究によって支持された効果的なプログラムの基準を満たす導入プログラムに支出をする地区に資金を提供することができる。

　十分に準備のできた教師が職に留まるようにする最後の要因は，学校を教師が自分の学んできた実践を行えるところにしていくことである。教師は，自分の仕事に効果があると感じられれば，その仕事を続けるだろう。そして教師は，良い実践を支援する学校において現場経験を積んでいくことができるなら，効果的な仕事ができるようもっと訓練されるだろう。教育改善が目的であるならば，個人的に優れた教師を養成して，うまく機能しない学校へ送り込むのでは不十分である。教師が効果をもたらすようになるためには，教師が自分の知っていることを用いることのできる環境において働かなければならない。すなわち，彼らが生徒とその家族を良く知ることができ，一貫していて根拠のしっかりしたカリキュラムを用意するために他の教師とともに働くことができ，情報豊富な評価を用いて生徒の学習を評価・指導し，思慮深い学びを支援する教科書や教材を用いることができる環境である。不幸にも，寄せ集めの政策や，多くの地域での財源不足，バラバラにデザインされた工場モデルの学校という現状にあって，アメリカ合衆国の多くの学校にはこれらの条件が欠けている。

　多くの識者が，典型的なアメリカの学校組織と真剣な教授・学習の要請との間には，ほとんど関連性がないと述べている。これは，学校を変革する上で，もっと大きな議論を提起する。

現代の学校教育が抱える問題を考えれば,単に,より高い技能を持った教師を生み出せば,おのずから,教育の結果に劇的な変化をもたらすことができる,と考えるのはナイーヴというものであろう。われわれは,改革というコインの裏表,すなわちより良い教師とより良いシステムの両方に,同時に注意を払わねばならない。学校は,効果的な教授・学習が行われる条件を作り出すように変わり続ける必要がある。そして教師は,この変化の過程の一部となるべく養成される必要がある。

個々の教師に期待できる効果を超えてシステムの変化が必要とされる一方,教員養成は,共同体の一員として実践を改善していく教師の学びを助けることによって,また協力して学校改革と授業改革を同時に行えるように学校や地域と連携することによって,システム改革に必要な支援をすることができる。このようにして,未来の教師たちは,彼らを必要とする学校において効果的に教える準備ができ,すべての生徒たちの学びを支える状況をどのように発展させるかをじかに学ぶことができるだろう。

また,教師教育を支援する種々の機関の,多様な関与も求められる。適切な資金提供や,教員養成プログラムへの強力な職員配置,プログラムの戦略と成果についての改善研究,教師教育への参加に希望を失わせるような誘因構造の変更,さらに大学と学校の間の協力と大学の部局どうしの協力,などである。

長期的には,すべての生徒を良く教えるすべての教師の能力に関心を持つ人は,地元の学校や教育学部の改善に対する関心を,効果的な授業のために効果的な教員養成の発達を促進する

政策環境を生み出すことにも向ける必要がある。これには，教員の教育者だけでなく，教育長や学校長，熟練教師も一丸となって，教職に就く前にも就いた後にも専門的な学びの機会が保証されるよう主張することが必要であり，保護者とコミュニティのメンバーも，彼らの子どもたちを教育する人のために専門的教員養成に投資することが決定的に重要であることを理解することが大切である。大学の学長や学部，理事が，教員養成校を大学の中心的業務として，質的に他の専門職学校に匹敵するようになることを保証しなければならず，政策決定者は，アメリカの公教育が教育に求める目標に到達するためには，優秀な教員の養成が中心的な責務であることを理解しなければならない。この理解なくして，他の改革が成功することはないのである。

政策への提言——要点

・伝統的な教員養成プログラムも，代替教員養成プログラムも，綿密に評価され，教員志願者が本書で述べたような核となる一連の知識や技能を習得できることを保証する場合にのみ，認可を与えられるべきである。連邦政府は，認定組織に認可を与えるときには，この要請を取り入れることができる。

・州は，厳格な認可基準を満たしていないプログラムを打ち切り，認可されたプログラムをきちんと完了していない個人に免許を与えることも拒否すべきである。

- 志願者が教職に就き，そこに留まり，評価で良い実践を示すなど，プログラムの成功を評価するために，データ追跡システムが作られるべきである。
- 教員養成プログラムは，ここで提言した勧告を考慮してプログラムを評価し，教育課程と実習課題を強化するための方策を講ずるべきである。
- 州と諸機関は，教員養成プログラムのための財政補助率と資金提供が，看護学のような他の臨床基盤の専門職プログラムと同等のものであることを保証すべきである。
- 連邦政府は，都市や貧しい田舎のコミュニティにおいて，養成から雇用までのパイプラインを提供する教員養成プログラムを開発するための奨励金を——医学分野で行っているように——提供すべきである。
- 議会は，ここに述べられた知識や技能を実際の教育実践のなかで評価する，教師のための実技に基づいた全国的な検査プログラムを開発する，州の専門家基準委員会や免許交付機関とともに活動する独立した専門機関に資金を提供すべきである。
- 議会は，州の免許交付過程に評価を組み入れるための奨励金を，各州に提供すべきである。
- 連邦政府は，教員不足の現場で教える準備や，教員不足の地区へ行く準備をする者に対して，奨学金や，最低4年以上教職に就くという要件を満たせば返済を免除するローンサービスを十分に拡充すべきである。
- 州政府と連邦政府は，新任教師が専門的な知識を身につけ，教室に留まるように援助する，質の高い導入プログラムに資金を提供すべきである。これらのプログラムには，訓練を受けた指導者が配置されるべきである。その指導者は，指導した

り良い授業のモデルを示したりする時間を与えられた熟練教師からなり，教職の負担を減らし，学びを導くための健全な実践の評価を行う。

訳者解説

教育の平等と質向上を目ざす
21世紀教育学へのリーダーシップ

秋田喜代美

はじめに——訳書出版の契機

本書は，Linda Darling-Hammond & Joan Baratz-Snowden（Eds.）*A Good Teacher in Every Classroom : Preparing the highly qualified teachers our children deserve*, 2005, Jossey-Bass の全訳である。

1970，80年代に台頭した認知心理学の学習研究は，1980年，90年代になり学校教育への接近と関心をより鮮明に出すようになり，その中で教師の知識や認知過程，専門的熟達過程が研究されるようになってきた。また1990年代の経済変化に伴い経済格差の中で米国の教育問題も一層深刻化し，教育の平等や質が問われるようになり，教育学者も学校改革と教師教育改革への見取り図を積極的に提示するようになっていった。

そのような動きの中で，教育心理学者と教師教育研究者の連携が全米教育アカデミーで行われるようになっていき，同アカデミーは2005年，Linda Darling-Hammond & John Bransford（Eds.）*Preparing Teachers for a Changing World : What teachers should learn and be able to do*（『変動する世界に対応する教員養成：教師が学ぶべきこととできるべきこと』）を刊行した。こ

れは，アメリカを代表する教師の知識や教室での学習に関わる教育心理学者や学習科学の研究者と学校教育改革に関わる教育学者が連携して，米国教師教育改革への到達点と展望を示し，教師の専門的資質に関する学術研究知見を体系的に整理して明確に記した報告書である。

　この出版の功績により，編者であるダーリング－ハモンド教授とブランスフォード教授は全米教育アカデミーを代表して，アメリカ教師教育協会（AACTE）の常任理事であったエドワード・C. ポメロイの名を冠し，教師教育分野で特に顕著な功績のあった者に贈られるポメロイ賞を2006年に受賞した。この受賞が示しているように，同報告は，これまでに類のなかった画期的なものといえるだろう。

　ただ同報告書は詳細かつ膨大であり，その内容をより広く多くの教育政策や教師教育関係者に知ってもらえるように，全米教育アカデミーのスポンサーシップのもとで，リンダ・ダーリング－ハモンドとジョアン・バラッツ－スノーデンにより論点をわかりやすく抜粋し，編集整理したダイジェストが作られた。それが本書である。

　したがって，本書の「まえがきと謝辞」にも記されているように，本書各部分の主張の根拠となる学術的な実証研究の内容は，上記報告書全13章の中に解説されているという構造になっている。本書の第１章部分は，認知心理学者が第一著者となって書かれた同報告書の第１～９章にあたっており，それらの章では教育の目標や教師が知るべき知識としての学習者，カリキュラム，教科，評価，学級経営などに関して，近年の認知心

理学，教育心理学分野の研究等が詳しく紹介されている。本書第2章は同報告書の「第10章　教師の学習と発達」，3章，4章が各々，「第11章　教師教育プログラムのデザイン」，「第12章　組織変革と政策変化による教員養成プログラムの刷新」の章と対応している。その中で，報告書の第1〜9章部分（本書の第1章）が本ダイジェスト版では，特に大幅に縮約されている。ただし，本書においても骨組みは変わることなく書かれており，また，簡潔になったぶん，ダーリング－ハモンドとバラッツ－スノーデンという教師教育に関わる教育学者の論点が，本書ではより明瞭に提示されているとも言える。

Preparing Teachers for a Changing World 刊行直後の2005年7月，東京大学大学院教育学研究科基礎学力研究開発センター主催の国際シンポジウムのためにダーリング－ハモンド教授が来日された。私は彼女とは初対面であったが，学習科学や教育心理学の研究者と教師教育研究者が協力連携し，教師の学習や知識と教師の熟達過程，教師の専門性のための養成プログラム等に関して体系的にまとめた同報告書が出版されたことに敬意を表して，「これからの日本の教師教育政策や改革を考えていくためにもきわめて有用な内容を含んだ画期的な本だと思う。しかし本が厚すぎて，日本に紹介したいのに翻訳ができなくて残念だ」と話したところ，「ではぜひこの本を訳すのがよい。訳してほしい」といって彼女が私に紹介してくれたのが，本書の原著であった。教員養成の問題と展望の論点がわかりやすくまとめられていること，また本書は新任教師が習得すべき専門的知識に焦点を絞っており，これは団塊世代の教員の大量退職，新

任教師への世代交代の課題を抱えている日本の学校や教員養成プログラムの質の問題に示唆を与える点が多いと考えたことから，翻訳書出版で多くの実績をもつ新曜社の塩浦暲さんに相談させていただいた。その塩浦さんのサポートのおかげで，日本でも翻訳し出版できる運びとなった。しかし当方一人では能力体力共に厳しいとためらっていた時に，研究室大学院博士課程の藤田慶子さんが共訳の労を引き受けてくださり，彼女の尽力によって翻訳が可能となった。にもかかわらず，訳書発刊が2009年と大幅に遅れた責任はすべて筆者にある。これが刊行の経緯である。

リンダ・ダーリング-ハモンド教授の仕事

編者ダーリング-ハモンドとバラッツ-スノーデンについては，本書中に両者の簡単な紹介があるが，第一著者であるダーリング-ハモンド教授の仕事をもう少し詳しく紹介しておくことが本書を理解する背景ともなると考えられるので，ここで述べておきたい。

ダーリング-ハモンド教授は，バラク・オバマ大統領の選挙キャンペーンの教育分野アドバイザーであり，またオバマ大統領の教育政策秘書官の一人と報道されたことからもわかるように，1990年代から10年以上にわたり全米の教師教育政策を主導する仕事をしてきている研究者である。コロンビア大学ティーチャーズカレッジ教授を経て，現在はスタンフォード大学教育学部の教授である。

ダーリング-ハモンド教授のキャリアの出発点は，公立学校の教師としての仕事である。その後自らチャータースクールやプレスクール，デイケアセンターなどの学校を共同設立し，また多くの公立学校改革にも取り組んできた。その実績が多くの教師や教育政策関係者に，実感を持って訴えるアイデアと言葉を生み出す源になっているといえるかもしれない。彼女は1973年にイエール大学を卒業し，78年にテンプル大学で都市教育（Urban Education）で教育学博士号（Ed. D）を取得している。この博士学位論文は，全米の教育学分野でその年の最も優秀な博士学位論文に贈られる Phi Delta Kappa G. E. WALK 賞を受賞している。

　その後彼女は，教師教育，学校のリーダーシップや学校改革（リデザイン），多様な学習者に応じた教育やそれらの教育政策分野に一貫して取り組んできている。彼女の研究者としての特徴は，きわめて多くの学術書や論文を精力的に執筆しており，その各々の本が質の高いもので，米国の学校改革や教育政策に大きな影響力を与えてきたことにある。本書の他に彼女の代表作のうち1冊をあげるならば，1997年に単著で出された *The Right to Learn : A blueprint for creating schools that work*（『学ぶ権利：機能する学校づくりのための青写真』）だろう。本書で彼女は学校教育改革を個々の学校の努力に求めるだけではなく，全米の教育システム全体の改革として論じるべきことの必要性を歴史的全米的な動向と視野から唱え，今後扱うべき教育課題を整理して論じた。19世紀型のテーラー管理体制による官僚主義的な学校教育体制がすでに限界にきていることを指摘し，生

徒も教師も学びあう学習者中心の学校への構造変革を唱えた。そして，深い理解へとむかう学習を保障するための授業変革をするため，学びの専門家としての教師の専門性が重要であることを説いたのである。さまざまな境遇にある子どもたちが一人残らず平等に質の高い教育をうけて学ぶことができる民主主義的な学びのコミュニティとしての学校と教師の専門性を保証するため，教師がどのような制度のプログラムであれ州をこえて良質の養成をうけると共に，専門性に立った資格によって認定されなければならず，そのための基準がどうあるべきかを論じた。

　ここに述べたことは現在日本の教育学者たちがいろいろな著書で述べていることであるが，それらの言葉も中身も，すでに彼女のこの本の中に埋め込まれている。彼女はこの本で，1998年に米国教育学会の優秀書籍賞を受賞している。

　この教育への哲学と意志は本書の原著出版後もさらに衰えることなく，教師教育プログラムに焦点をあてた本として2006年に *Powerful Teacher Education : Lessons from exemplary programs*，また深い理解をもとめる学習と教師に関して，2008年に *Powerful Learning : What we know about teaching for understanding* を出版している。また教師のリーダーシップに関しては2009年冬に *Preparing Principals for a Changing World : Lessons from effective school leadership programs* を，学校についても2010年はじめに *Developing Learning-Centered Schools for Students and Teachers* を出版する予定である。

　彼女の本がこのように多く出版される源は，研究者であると

ともに，実践の場での学校改革に自ら取り組み，教育政策の立案の中心に実際に関わり，米国の教育の未来への地図を，多くの研究者と連携しながら描きだし問題提起を行ってきているところにあるだろう。政策立案に関する仕事としては，1994年から2001年まで常任理事をつとめていた学習指導・全米未来委員会（National Commission on Teaching and America's Future）の報告書「最大の懸案は何か：アメリカの未来のための学習指導 *What Matters Most : Teaching for America's future*」の仕事がある。この報告書によって、アメリカの教師教育と授業の質が州や学校を超えた平等に向けた変化の政策へ転換が行われるようになった。また彼女は全米教職専門職基準委員会（National Board for Professional Teaching Standards）のメンバーとして新任教師の専門性認定基準の作成に関わり，教師の専門性を資格認定の点からも高めてきている。またスタンフォード大学の近くにある貧困層のために学校や保育所を設立したり，多くの学校教育の実践的改革にも従事し，その学校が実際に大きく変化したという効果も示されている。このような教育実践への関与と政策立案への展望の提出，それらを踏まえた学術著書や論文の執筆という研究業績の3本柱のいずれにおいても精力的な彼女の仕事ぶりによって，2009年7月現在，教育分野に関わる全米の著名な賞を18受賞している（このうちの一つが上記に述べた賞である）。またその卓越した実績は，米国教育学会会長，教師の専門性基準に関する全米委員会のメンバー，スペンサー財団やカーネギー財団の教師教育分野の責任者等，数多くの全米を代表する要職を彼女が担ってきたことからもうかがえ

る。

　彼女が著した本で，日本語で読めるものは現在本書のみである。本書が出会いの窓になり，さらに彼女の仕事に関心をもっていただけたら，彼女のファンでもある訳者としては幸いである。そして本書が米国の教師教育の実体や方向性を知る参考書として読まれるだけではなく，3人の子どもを育てながら，若い時だけではなく，40歳，50歳代になっても，教育実践に献身的に関わり，その実践的経験と実践者たちの声をくみあげ国や地域の政策に関わり，活動しながら考え，選び抜かれた言葉と枠組みで教育を語り，教育心理学者をはじめとするさまざまな分野の人と連携しながら，教育学や教育政策学，学校経営学の研究者として輪を広げていくという，新たなスタイルの教育学者の姿，未来の教育への卓越した責任のひきうけ方とリーダーシップを感じていただけたら，この上なく嬉しく思う。

　本書出版にあたっては，新曜社の塩浦暲さんにいわゆる編集業務だけではなく，和訳においてもチェックをしてくださり大変お世話になった。その丁寧な編集作業に心よりの謝意を表したい。

　　　2009年7月

　　　　　　　　　　　　　　　　　　訳者を代表して

　　　　　　　　　　　　　　　　　　　　秋田喜代美

付録資料　Linda Darling-Hammond の著書
（単著，共編著，共著のみ記載）

1994年

Professional Development Schools : Schools for developing a profession. New York : Teachers College Press.（Judith Lanier との共編著）

1995年

A License to Teach : Building a profession for 21st-century schools. Boulder, CO : Westview Press.（Arthur E. Wise, Stephen P. Klein との共著）

Authentic Assessment in Action : Studies of schools and students at work. New York : Teachers College Press.（Jacqueline Ancess, Beverly Falk との共著）

1997年

The Right to Learn : A blueprint for creating schools that work. San Francisco : Jossey-Bass.（単著）

1999年

Teaching as the Learning Profession : Handbook of policy and practice. San Francisco : Jossey-Bass.（Gary Sykes との共編著）

2002年

Learning to Teach for Social Justice. New York : Teacher College Press.（Jennifer French, Silvia Paloma Garcia-Lopez との共編著）

2005年

Instructional Leadership for Systemic Change : The story of San Diego's reform. Lanham, MD : Scarecrow Education Press.（Leading Systemic School Improvement との共著）

Preparing Teachers for a Changing World : What teachers should learn and be able to do. San Francisco : Jossey-Bass.（John Bransford との共編著）

★*A Good Teacher in Every Classroom : Preparing the highly qualified teachers our children deserve*. Jossey-Bass.（Joan Baratz-Snowden との共編著，本翻訳書）

2006年
Powerful Teacher Education : Lessons from exemplary programs. San Francisco : Jossey-Bass.（単著）

2008年
Powerful Learning : What we know about teaching for understanding. San Francisco : Jossey-Bass.（Brigid Barron, P. David Pearson, Alan H. Schoenfeld, Elizabeth K. Stage, Timothy D. Zimmerman との共編著）

注

序章
1. この報告の母体となった本には，もととなった研究が掲載されている。Darling-Hammond and Bransford, LePage, Hammerness, & Duffy, 2005 を参照。この本には姉妹編があり，そちらは新任教師が読み方を教えるためにいかなる準備をしておくべきかに焦点を当てている。こちらも全米教育アカデミーの資金提供により刊行されたものである。Snow, Griffin, & Burns, 2005 参照。

第1章
1. Bransford, Brown, & Cocking, 1999.

第2章
1. Daniel Lortie はこれを「観察による徒弟制 (apprenticeship of observation)」と呼んでいる。Lortie, 1975.
2. Kennedy, 1999.
3. たとえば，Chin & Russell, 1995 ; Denton, 1982 ; Denton & Lacina, 1984 ; Denton, Morris, & Tooke, 1982 ; Denton & Smith, 1983 ; Denton & Tooke, 1981 ; Sumara & Luce-Kapler, 1996 を参照。
4. McDonald, 1992.

第3章
1. たとえば，Darling-Hammond, 2000 ; Darling-Hammond & MacDonald, 2000 ; Hammerness, Darling-Hammond, & Shulman, 2002 ; Koppich, 2000 ; Merseth & Koppich, 2000 ; Miller & Silvernail, 2000 ;

Snyder, 2000 ; Whitford, Ruscoe, & Fickel, 2000 ; Zeichner, 2000 参照。
2．Feistritzer, 2004. また，Miller, McKenna, & McKenna, 1998 ; Wilson, Floden, & Ferrini-Mundy, 2001 も参照。
3．たとえば，National Commission on Teaching and America's Future, 1996 参照。
4．たとえば，Frey, 2002 ; Gettys et al., 1999 ; Gill & Hove, 1999 ; Glaeser, Karge, Smith, & Weatherill, 2002 ; Mantle-Bromley, 2002 ; Neubert & Binko, 1998 ; Sandholz & Dadlez, 2000 ; Shroyer et al., 1996 ; Stallings, Bossung, & Martin, 1990 ; Trachtman, 1996 ; Wiseman & Cooner, 1996 ; Yerian & Grossman, 1997 参照。
5．Darling-Hammond & Hammerness, 2002.

第4章

1．Hanushek, Kain, & Rivkin, 1998 参照。また，Kain & Singleton, 1996 も参照。
2．Benner, 2000.
3．Henke, Chen, Geis, & Knepper, 2000. また，National Commission on Teaching and America's Future, 2003 ; Luczak, 2004 も参照。
4．全米委員会認定教師（National Board Certified teachers）の有効性に関する研究については，Bond, Jaeger, Smith, & Hattie, 2001 ; Goldhaber & Anthony, 2004 ; Vandevoort, Amrein-Beardsley, & Berliner, 2004 参照。
5．U. S. Code（現行法律集）の第42章，第6節A，第5条に，このシステムの多くの構成要素が列挙されている。
6．American Federation of Teachers, 2000 ; Haertel, 1991 ; Porter, Youngs, & Odden, 2001 参照。
7．本節で言及した，教師を惹きつけ勤続させるための政策のさらなる説明は，Darling-Hammond & Sykes, 2003 参照。
8．California State University, 2002 ; Shields et al., 2001 参照。

文　献

- American Federation of Teachers. (2000). *Building a profession: Strengthening teacher preparation and induction, a report of the K-l6 Teacher Education Task Force*. Washington, DC: Author.
- Benner, A. D. (2000). *The cost of teacher turnover*. Austin, TX: Texas Center for Educational Research.
- Bond, L., Jaeger, R., Smith, T., & Hattie, J. (2001). Defrocking the National Board: The certification system of the National Board for Professional Teaching Standards. *Education Matters, 1* (2), 79–82.
- Bransford, J. D., Brown, A. L., & Cocking, R. R. (Eds.), (1999). *How people learn: Brain, mind, experiences, and school*. Washington, DC: National Academy of Sciences Press. [森敏昭・秋田喜代美監訳, 21世紀の認知心理学を創る会訳 (2002).『授業を変える：認知心理学のさらなる挑戦』北大路書房.]
- California State University. (2002). *First system wide evaluation of teacher education programs in the California State University: Summary report*. Long Beach: Office of the Chancellor, California State University.
- Chin, P., & Russell, T. (1995, June). *Structure and coherence in a teacher education program: Addressing the tension between systematics and the educative agenda*. Paper presented at the Annual Meeting of the Canadian Society for the Study of Education, Montreal, Quebec, Canada.
- Darling-Hammond, L. (Ed.), (2000). *Studies of excellence in teacher education* (3 volumes). Washington, DC: American Association of Colleges for Teacher Education.

Darling-Hammond, L., Bransford, J. D., LePage, P., Hammerness, K., & Duffy, H. (Eds.), (2005). *Preparing teachers for a changing world : What teachers should learn and be able to do*. San Francisco : Jossey-Bass.

Darling-Hammond, L., & Hammerness, K. (2002). Toward a pedagogy of cases in teacher education. *Teaching Education, 13* (2), 125–135.

Darling-Hammond, L., & MacDonald, M. (2000). Where there is learning there is hope : The preparation of teachers at the Bank Street College of Education. In L. Darling-Hammond (Ed.), *Studies of excellence in teacher education: Preparation at the graduate level* (pp.1-95). Washington, DC: American Association of Colleges for Teacher Education.

Darling-Hammond, L., & Sykes, G. (2003). Wanted : A national teacher supply policy for education : The right way to meet the 'highly qualified teacher' challenge. *Educational Policy Analysis Archives, 11* (33). http://epaa.asu.edu/epaa/v11n33/.

Denton, J. J. (1982). Early field experience influence on performance in subsequent coursework. *Journal of Teacher Education, 33* (2), 19–23.

Denton, J. J., & Lacina, L. J. (1984). Quantity of professional education coursework linked with process measures of student teaching. *Teacher Education and Practice*, 39–64.

Denton, J. J., Morris, J. E., & Tooke, D. J. (1982). The influence of academic characteristics of student teachers on the cognitive attainment of learners. *Educational and Psychological Research, 2* (1), 15-29.

Denton, J. J., & Smith, N. L. (1983). *Alternative teacher preparation programs: A cost-effectiveness comparison*. Research on Evaluation Program, Paper and Report Series No.86. Eugene: University of Oregon.

Denton, J. J., & Tooke, D. J. (1981). Examining learner cognitive attainment as a basis for assessing student teachers. *Action in Teacher Education, 3* (4), 39–45.

Feistritzer, E. (2004). *Alternative teacher certification: A state-by-state analysis.* Washington, DC: National Center for Education Information.

Flexner, A., & Pritchett, H. S. (1910). *Medical education in the United States and Canada: A report to the Carnegie Foundation for the Advancement of Teaching.* New York: Carnegie Foundation for the Advancement of Teaching.

Frey, N. (2002). Literacy achievement in an urban middle-level professional development school: A learning community at work. *Reading Improvement, 39* (1), 3–13.

Gettys, C. M., Puckett, K., Ray, B. M., Rutledge, V. C, Stepanske, J., & University of Tennessee-Chattanooga. (1999). *The professional development school experience evaluation.* Paper presented at Mid-South Educational Research Association Conference, Gatlinburg, TN.

Gill, B., & Hove, A. (1999). *The Benedum collaborative model of teacher education: A preliminary evaluation.* Report prepared for the Benedum Center for Education Reform DB-303-EDU. Santa Monica, CA: Rand Education.

Glaeser, B. C, Karge, B. D., Smith, J., & Weatherill, C. (2002). Paradigm pioneers: A professional development school collaborative for special education teacher education candidates. In I. N. Guadarrama, J. Ramsey, & J. L. Nath (Eds.), *Forging alliances in community and thought: Research in professional development schools* (pp.125–152). Greenwich, CT: Information Age Publishing.

Goldhaber, D., & Anthony, E. (2004). Can teacher quality be effectively assessed? Seattle, WA: Center on Reinventing Public Education, Daniel J. Evans School of Public Affairs, University of Washington. Retrieved March 22, 2004, from http://www.crpe.org/

workingpapers/pdf/NBPTSquality_report.pdf.

Grossman, P., & Schoenfeld, A. (2005). Teaching subject matter. In L. Darling-Hammond, J. D. Bransford, P. LePage, K. Hammerness, & H. Duffy (Eds.), *Preparing teachers for a changing world: What teachers should learn and be able to do* (pp.201–231). San Francisco: Jossey-Bass.

Haertel, E. H. (1991). New forms of teacher assessment. *Review of Research in Education, 17,* 3–29.

Hammerness, K., Darling-Hammond, L., & Shulman, L. (2002). *Towards expert thinking: How case-writing contributes to the development of theory-based professional knowledge in student-teachers.* Paper presented at the Annual Meeting of the American Educational Research Association, April 10–14, Seattle, WA.

Hanushek, E., Kain, J., & Rivkin, S. (1998). *Teachers, schools, and academe achievement. (Working paper 6691).* Cambridge MA: National Bureau of Economic Research.

Henke, R. R., Chen, X., Geis, S., & Knepper, P. (2000). *Progress through the teacher pipeline: 1992-93 college graduates and elementary/secondary school teaching as of 1997.* NCES 2000–152. Washington, DC: National Center for Education Statistics.

Kain, J., & Singleton, K. (1996). Equality of educational opportunity revisited. *New England Economic Review* (May, June), 87–111.

Kennedy, M. (1999). The role of preservice teacher education. In L. Darling-Hammond & G. Sykes (Eds.), *Teaching as the learning profession: Handbook of policy and practice* (pp.54–85). San Francisco: Jossey-Bass.

Koppich, J. (2000). Trinity University: Preparing teachers for tomorrow's schools. In L. Darling-Hammond (Ed.), *Studies of excellence in teacher education: Preparation in a five-year program* (pp.1–48). Washington, DC: American Association of Colleges for Teacher

Education.

Lortie, D. C. (1975). *Schoolteacher: A sociological study*. Chicago: University of Chicago Press.

Luczak, J. (2004). *Who will teach in the 21st century? Beginning teacher training experiences and attrition rates*. Unpublished doctoral dissertation, Stanford University, Stanford, CA.

Mantle-Bromley, C. (2002). The status of early theories of professional development school potential. In I. Guadarrama, J. Ramsey, & J. Nath (Eds.), *Forging alliances in community and thought: Research in professional development schools* (pp.3-30). Greenwich, CT: Information Age Publishing.

McDonald, J. P. (1992). *Teaching: Making sense of an uncertain craft*. New York: Teachers College Press.

Merseth, K. K., & Koppich, J. (2000). Teacher education at the University of Virginia: A study of English and mathematics preparation. In L. Darling-Hammond (Ed.), *Studies of excellence in teacher education: Preparation in a five-year program* (pp.49-81). Washington, DC: American Association of Colleges for Teacher Education Publications.

Miller, J. W., McKenna, M. C., & McKenna, B. A. (1998). A comparison of alternatively and traditionally prepared teachers. *Journal of Teacher Education, 49* (3), 165-176.

Miller, L., & Silvernail, D. L. (2000). Learning to become a teacher: The Wheelock way. In L. Darling-Hammond (Ed.), *Studies of excellence in teacher education: Preparation in the undergraduate years* (pp.67-107). Washington, DC: American Association of Colleges for Teacher Education Publications.

National Commission on Teaching and America's Future. (1996). *What matters most: Teaching for America's future*. New York: Author.

National Commission on Teaching and America's Future (2003). *No dream denied: A pledge to America's children*. Washington, DC: Author.

Neubert, G., & Binko, J. (1998). Professional development schools—The proof is in the performance. *Educational Leadership*, 55 (5), 44–46.

Porter, A. C., Youngs, P., & Odden, A. (2001). Advances in teacher assessments and their uses. In V. Richardson (Ed.), *Handbook of research on teaching* (4th ed.) (pp.259–297). Washington, DC: American Educational Research Association.

Sandholtz, J. H., & Dadlez, S. H. (2000). Professional development school tradeoffs in teacher preparation and renewal. *Teacher Education Quarterly*, 27 (1), 7–27.

Shields, P. M., Humphrey, D. O., Wechsler, M. E., Riel, L. M., Tiffany-Morales, J., Woodworth, K., et al. (2001). *The status of the teaching profession 2001*. Santa Cruz, CA: The Center for the Future of Teaching and Learning.

Shroyer, G. M., Wright, E. L., & Ramey-Gasser, L. (1996). An innovative model for collaborative reform in elementary school science teaching. *Journal of Science Teacher Education*, 7 (3), 151–168.

Snow, C., Griffin, P., & Burns, S. (2005). *Knowledge to support the teaching of reading: Preparing teachers for a changing world*. San Francisco: Jossey-Bass.

Snyder, J. (1999). *New Haven Unified School District: A teaching quality system for excellence and equity*. Washington DC: National Commission on Teaching and America's Future.

Snyder, J. (2000). Knowing children-understanding teaching: The developmental teacher education program at the University of California, Berkeley. In L. Darling-Hammond (Ed.), *Studies of excellence in teacher education: Preparation at the graduate level* (pp.97–172). Washington, DC: American Association of Colleges for

Teacher Education.

Stallings, J., Bossung, J., & Martin, A. (1990). Houston Teaching Academy: Partnership in developing teachers. *Teaching and Teacher Education, 6* (4), 355-365.

Sumara, D. J., & Luce-Kapler, R. (1996). (Un)Becoming a teacher: Negotiating identities while learning to teach. *Canadian Journal of Education, 21* (1), 65-83.

Trachtman, R. (1996). *The NCATE professional development school study: A survey of 28 PDS sites*. Unpublished manuscript. (Available from Professional Development School Standards Project, National Council for Accreditation of Teacher Education, Washington, DC 20036.)

Vandevoort, L. G., Amrein-Beardsley, A., & Berliner, D. (2004). National board certified teachers and their students' achievement. *Educational Policy Analysis Archives, 12* (46). Retrieved November 8, 2004, from http://epaa.asu.edu/epaa/vl2n46/.

Whitford, B. L., Ruscoe, G. C., & Fickel, L. (2000). Knitting it all together: Collaborative teacher education in Southern Maine. In L. Darling-Hammond (Ed.), *Studies of excellence in teacher education: Preparation at the graduate level* (pp.173-257). Washington, DC: American Association of Colleges for Teacher Education.

Wilson, S. M., Floden, R. E., & Ferrini-Mundy, J. (2001). *Teacher preparation research: Current knowledge, gaps, and recommendations: A research report prepared for the U.S. Department of Education*. Seattle, WA: Center for the Study of Teaching and Policy.

Wiseman, D. L., & Cooner, D. (1996). Discovering the power of collaboration: The impact of a school-university partnership on teaching. *Teacher Education and Practice, 22* (1), 18-28.

Yerian, S., & Grossman, P. L. (1997). Preservice teachers' perceptions of their middle level teacher education experience: A comparison of a traditional and a PDS Model. *Teacher Education Quarterly, 24* (4), 85-101.

Zeichner, K. M. (2000). Ability-based teacher education: Elementary teacher education at Alverno College. In L. Darling-Hammond, (Ed.), *Studies of excellence in teacher education: Preparation in the undergraduate years* (pp.1–66). Washington, DC: American Association of Colleges for Teacher Education Publications.

索　引

あ 行

アイデンティティの形成　17
足場かけ　13
アーティファクト（授業で作られたもの）の分析　69
医学教育　i, 79
　――改革　80
インターンシップ　62
ヴィジョン：
　カリキュラムの――　59
　実践の――　57, 58
英語が母語でない話者　20
英語話者　18
教えること：
　――と生徒についての知識　58, 76
　――と学ぶことの理解のための枠組み　8
　――についてのヴィジョン　9
　――についての誤概念　49
　――についての知識　25
　――についての理解　8
　――への姿勢　58, 60, 76
　――を学ぶ枠組み　58

落ちこぼれ　78

か 行

概念的ツール　59
鍵概念についての表象　26
学習　10
　――課題のモデル　4
　――過程　11, 26
　――コミュニティ　11
　――困難　47
　――と学習者について教師が知っておくべきこと　11
　――の評価　10, 34, 42
　――へのレディネス　16
学習者　7, 10, 11, 13
　――としての生徒　7
　多様な――　31
学級経営　37, 42
家庭における経験　16
カリキュラム　21, 22, 23, 42
　――のヴィジョン　22, 59
　一貫した――　98
　隠れた――　24
観察　15

教育実習　62, 63
教育のスタンダード　22, 23, 36
教育方法　61
教員：→ 教師
　　——の辞職　78
　　——不足　101
教員免許：
　　——改革　87
　　——試験がバラバラであることが引き起こしている問題　89
　　——制度を厳密にするための政策　91
　　——の欠点の原因　90
教員養成カリキュラム　45, 46, 53
教員養成教育：
　きちんとした——がなされていない理由　2
教員養成プログラム　6, 43, 55, 56, 78
　　——が保証すべきこと　83
　　——の開発　82
　　——の政策　100
　　——の認定基準　85
　　——の評価　101
　効果的な——の特徴　56, 75
教科　7, 8, 25, 42
　　——指導の実践　28
　　——についての知識　59

　　——の定義　26
　　——の目的　27
教科理解　27
　　——の基本的カリキュラム　27
　　——の評価　27
教材　61
教師：→ 教員
　　——が伝えようとしている知識　12, 13
　　——教育改善のための投資の妥当性　92
　　——志望者　44
　　——のこつ　81
　　——の採用　92
　　——の発達　47
効果的な——　3, 4
教授技能の評価　96
教職：
　　——に留まるようにする要因　98
　　——の専門化　82
共通テキスト　67
言語　17, 42
　　——レパートリー　20
　学校で使用される——様式　19
　家庭で使用される——様式　19
　教室における言葉　18
誤概念　49
個人差　15
コミュニティ　11, 13, 14, 87, 100

専門家―― 60, 61

さ 行

財政援助 93
姿勢：
　教えることへの―― 58, 60, 76
実践 58, 59
　――化の問題 50
　――しながら実践を学ぶ 46, 53
　――的ツール 59
　――におけるヴィジョン 57, 58
　よく考えられた―― 62
実地トレーニング 64
失読症 32
指導方略のレパートリー 32
自閉症 32
州際新任教員評価支援協議会（the Interstate New Teacher Assessment and Support Consortium, INTASC） 81
授業：
　――妨害 39
　効果的な―― 4
熟達者 47
熟練教師 94, 100
初期辞職 77
知るということの構成的性質 11
事例研究 70, 76

事例理解に役立つ指導 72
ジレンマ 70, 71
新任教師 1, 6
　――が習得しなければならない知識 7, 9
　――が責任を果たすために求められること 40
　――の支援 95
　――の指導者 95
新米 47
スキーマ 11
スティグラー, J. 69
スティーブンソン, H. 69
スーパーヴィジョン（スーパーヴァイズ） 45, 51, 54, 57, 62, 94
成績 36
生徒：
　――についての知識 58
　――に学んでもらいたい知識 10
　――の個別支援計画（individualized education plans; IEPs） 33
　――の評価 13
全米委員会認定資格（National Board Certification） 81
全米教育アカデミー（National Academy of Education） i, 5
全米教職専門職基準委員会（the National Board for Professional

Teaching Standards) 81, 90

た 行

第一言語習得 20
大規模評価 37
代替研修プログラム：
　成功している――の特徴 57
第二言語習得 20
ダーリング-ハモンド，L. 103-107
探究：
　――プロセス 73
　教室や学校での―― 73
知識：
　教える―― 10, 12, 13
　教えることについての―― 25
　教師がもっている―― 43, 59
　生徒についての―― 58, 76
注意欠陥性障害 32, 33
ツール 3, 58, 59, 61, 76
　概念的―― 59
　実践的―― 59
　評価―― 13, 32
ティーチング・ポートフォリオ 66-68
適応的熟達者 46, 54
テスト 37
データ追跡システム 101
デューイ，ジョン 9
動機づけ 12

導入プログラム 96, 97
特別支援教育 33
特別な教育ニーズ 32

な 行

認知処理過程 11

は 行

ハイパー・メディア・システム 68, 69
発達：
　――遅滞 32
　――的視点 14
　――の道筋 15
　教師の―― 47
パフォーマンス：
　――課題 66
　――評価 76
バラッツ-スノーデン，ジョアン 103, 104
ピアサポート 51
ビデオ分析 69
『人はいかに学ぶか：脳，心，経験，学校（*How People Learn: Brain, mind, experiences, and school*）』 10
評価：
　――ツール 32
　学習の―― 10, 34, 42
　教員養成プログラムの――

101
　　教科理解の—— 27
　　教授技能の—— 96
　　生徒の—— 13
　　大規模—— 37
　　パフォーマンス—— 57, 76
標準英語 18
貧困層 2
フィードバック：
　生徒への—— 4, 13, 35
複雑性の問題 52
ブランスフォード, J. 103, 104
プリチェット, H. 79
フレクスナー, A. 79
フレクスナー・レポート ⅰ, 79
文化的経験 16
ベテラン教師 60
『変動する世界に対応する教員養成：教師が学ぶべきこととできるべきこと (*Preparing Teachers for a Changing World: What teachers should learn and be able to do*)』
　ⅱ, 5, 103
ポートフォリオ診断 57

ボール, D. 68
本による知識 94

ま 行

マイノリティ 2, 78
マクドナルド, J. P. 52
メタ認知 12
メンター 95, 96
メンタリング 57, 63, 96

や 行

良い教師と良いシステム 99
『読みの指導を支援する知識：変動する世界に対応する教員養成 (*Knowledge to Support the Teaching of Reading : Preparing teachers for a changing world*)』ⅱ
読みの障害 33

ら 行

臨時採用教員 1
臨床的トレーニング過程 95
ローンサービス 101

編者について

リンダ・ダーリング-ハモンド(Linda Darling-Hammond)
スタンフォード大学教育学部チャールズ・E・デュコマム講座教授。1998年以来,スタンフォード大学教師教育プログラムの参加者のスポンサー役を務めている。また,スタンフォード大学教育リーダーシップ研究所および学校リデザインネットワークのディレクターでもある。学習指導・全米未来委員会(National Commission on Teaching and America's Future)の創設常任理事を務め,同委員会による1996年の報告書『最大の懸案は何か:アメリカの未来のための学習指導(*What Matters Most : Teaching for America's future*)』は,教師教育と授業の質を改善するための合衆国全体の主要な政策変化の推進役となり,ブルーリボン賞を受賞した。彼女の研究や授業,政策活動は,学習指導の質と学校改革,教育の平等の問題に集中している。200冊を越える著作のなかで,*Teaching as the Learning Profession*(Gary Sykes との共編著)は2000年に全国職能開発協議会(National Staff Development Council)の優秀図書賞を受賞。また1998年には *The Right to Learn* で米国教育学会優秀図書賞を受賞した。

ジョアン・バラッツ-スノーデン(Joan Baratz-Snowden)
アメリカ教員連盟(AFT)の教育問題ディレクター。同部門の出版業務,連盟会員へのテクニカルな援助や他のサービス,教職専門職基準やその評価,読み,教師の質,学業達成をもたらすための学校のリデザインなど,専門に関わるアメリカ教員連盟の政策を一般に普及させることに携わっている。アメリカ教員連盟で働く前は,全米教職専門職基準委員会(NBPTS)の「教育政策と改革」「評価と研究」の副委員長。指導

と学習にとってより効果的な学校環境の創造や，より高い資質を持った教師を教育に供給することの拡大，教師教育の改善と専門性開発の継続，そして NBPTS の評価を開発するのに必要な初期の研究開発活動の指揮等にあたってきた。また教育テスティングサービス（ETS）の教育政策研究とサービス部門の指揮監督にもあたってきた。テストと評価の政策に関する研究でも有名である。学校，カレッジや大学で標準化されたテストを使用することとその影響に関する問題や，教職や他専門職への就職に関する問題を検証する研究を行っている。

訳者紹介

秋田喜代美（あきた　きよみ）
東京大学大学院教育学研究科教授。東京大学大学院教育学研究科博士課程単位取得退学。博士（教育学）。東京大学教育学部助手，立教大学文学部助教授をへて現職。専門は教育心理学，授業研究，保育学。教師に関する主な著書に『子どもをはぐくむ授業づくり』（岩波書店），『改訂版　授業研究と談話分析』（編著　放送大学教育振興会），『新しい時代の教職入門』（共編　有斐閣），訳書に『授業を支える心理学』（S. ベンサム著，共訳，新曜社）等多数。

藤田慶子（ふじた　けいこ）
東京大学大学院教育学研究科博士課程。専門は学校教育学，教育心理学。論文に「ゴッフマン理論における役割と自己呈示：学校における相互行為の分析視角としての検討」（東京大学大学院教育学研究科紀要），著書に『はじめての質的研究法　教育・学習編』（共著，東京図書），訳書に『学習科学ハンドブック』（キース・ソーヤー著，共訳，培風館）がある。

よい教師をすべての教室へ
専門職としての教師に必須の知識とその習得

初版第1刷発行　2009年9月20日©
初版第2刷発行　2010年12月20日

編　者	リンダ・ダーリング－ハモンド ジョアン・バラッツ－スノーデン
訳　者	秋田喜代美 藤田慶子
発行者	塩浦　暲
発行所	株式会社　新曜社 〒101-0051　東京都千代田区神田神保町2-10 電話(03)3264-4973　FAX(03)3239-2958 e-mail info@shin-yo-sha.co.jp URL http://www.shin-yo-sha.co.jp/
印刷	三協印刷
製本	イマヰ製本所

Printed in Japan

ISBN978-4-7885-1178-1　C1037

———————新曜社の関連書———————

| 授業を支える心理学 | S・ベンサム
秋田喜代美・中島由恵訳 | 四六判288頁
本体 2400円 |

発達をうながす教育心理学　　　山岸明子　　　　　　　　　A5判224頁
大人はどうかかわったらいいのか　　　　　　　　　　　　　　本体 2200円

キーワードコレクション
教育心理学　　　　　　　　　　二宮克美・子安増生編　　　A5判248頁
　　　　　　　　　　　　　　　　　　　　　　　　　　　　本体 2400円

現場と学問のふれあうところ　　無藤　隆　　　　　　　　　四六判280頁
教育実践の現場から立ち上がる心理学　　　　　　　　　　　本体 2300円

ノットワーキング　　　　　　　山住勝広・　　　　　　　　四六判352頁
結び合う人間活動の創造へ　　　Y・エンゲストローム編　　本体 3300円

親になれない親たち　　　　　　斎藤嘉孝　　　　　　　　　四六判208頁
子ども時代の原体験と、親発達の準備教育　　　　　　　　　本体 1900円

家族というストレス　　　　　　岡堂哲雄　　　　　　　　　四六判248頁
家族心理士のすすめ　　　　　　　　　　　　　　　　　　　本体 1900円

親と子の発達心理学　　　　　　岡本依子・菅野幸恵編　　　A5判272頁
縦断研究法のエッセンス　　　　　　　　　　　　　　　　　本体 2600円

子育て支援に活きる心理学　　　繁多進編　　　　　　　　　A5判216頁
実践のための基礎知識　　　　　　　　　　　　　　　　　　本体 2400円

子どもの養育に心理学がいえること　H.R.シャファー　　　　A5判312頁
発達と家族環境　　　　　　　　無藤隆・佐藤恵理子訳　　　本体 2800円

学力低下をどう克服するか　　　吉田甫　　　　　　　　　　四六判266頁
子どもの目線から考える　　　　　　　　　　　　　　　　　本体 2200円

（表示価格はすべて税別です。）